Conceptos Rítmicos Avanzados Para Guitarra

Prólogo por Alex Machacek

(UN ESTUDIO A PROFUNDIDAD DE MODULACIONES MÉTRICAS, POLIRITMOS Y POLIMÉTRICAS)

Jan Rivera

Violet Anamnesis Publications
SAN DIEGO, CALIFORNIA

Derechos de Autor © 2014 Jan Rivera

Todos los derechos reservados. Ninguna parte de esta publicación puede ser reproducida, distribuida o transmitida de ningún modo o medio, ya sean fotocopias, grabaciones, u otros medios electrónicos o mecánicos sin el permiso previo escrito de la casa publicadora, excepto por breves citas en reseñas y ciertos usos no comerciales permitidos por las leyes de derechos de autor. Para solicitar permiso escrito, puede escribir a la casa publicadora a la dirección de abajo.

Violet Anamnesis Publications
11880 Bernardo Terrace Suite B
San Diego, California/92128
www.advancedrhythmicconcepts.com

Diseño de portada por Jan Rivera. Basado en las siguientes obras:
"Steampunk Mechanical Human" por Adelevin – Evinstar/Steam Studio (Portada)
"Gears" por José Marafona (Portada y contraportada)

Conceptos Rítmicos Avanzados Para Guitarra/ Jan Rivera —1ra ed.
ISBN 978-1-9442134-1-1

Tabla de Contenido

Prólogo viii

Gracias ix

Prefacio xii

Introducción xiii

Ejemplos Auditivos xiv

Modulación Métrica 1

    Modulación Métrica Basada en Tresillos 3

    Un Misma Figura Rítmica; Diferentes Métricas , Géneros y Tempos 4

    La Modulación Métrica como Herramienta Para Escribir Ideas con Compases Inusuales 5

Poliritmos 7

    Poliritmos 8

    Poliritmos de Razón 8

    Como Determinar la Duración Exacta de Cada Una de las Divisiones del Poliritmo 8

    Fracción 9

    Agrupación 10

    Estudio de 5:2 13

    Notación de Poliritmos Razón 14

    Poliritmo de 4:3 15

Impresiones de 4 Sobre 20

Poliritmo de 3:7 22

Ejecicio de 3:7 26

Poliritmo de 3:5 27

Estudio de 3:5 28

Poliritmos de Razón No Basados en Negras 29

Poliritmos de Razón + Nota 33

Con Respecto a la Notación 34

Poliritmos Dentro de Poliritmos 35

Como Practicar los Ejercicios de División de Poliritmos/Poliritmos Dentro de Poliritmos 36

Ejercicios de División de Poliritmos/Poliritmos Dentro de Poliritmos 38

Poliritmos Dentro de Poliritmos 51

Sobre el Estudio a Seguir, (Todo Está en el Número 3) 52

Todo Está en el Número 3 56

Polimétricas 58

Acentuación de Notas Para Crear Polimétricas Implícitas 60

Acentuación de Notas Para Crear Polimétricas Implícitas: Ejercicios de Práctica 62

El Uso de Ligaduras Para Crear Polimétricas Implícitas 64

Blues de 7/8 Sobre 3/4 65

El Uso de Puntillos para Crear Polimétricas Implícitas 66

Blues Polimétrico de 3/4 Sobre 4/4 67

Notación de Corchete Irregular como Herramienta Para Identificar la Presencia de una Polimétrica Implícita 68

Como Identificar una Polimétrica Implícita 69

Polirock 70

Multipoli 74

Polimétricas Explícitas 76

Acompañamiento e Improvisación Polimétrica 78

Ejemplo de Improvisación Polimétrica 80

Blues Polimétrico (Punto #1 de la sección titulada "Durante la Improvisación") 81

Como Practicar la Improvisación Polimétrica 82

Forma de Blues Polimétrica 84

Acentuar Micro Pulsaciones, Macro Pulsaciones y Subdivisiones de Métricas Superpuestas 85

Ejemplo de Guía de Improvisación de Blues Polimétrico 86

Ejemplo de Acompañamiento Polimétrico 87

Blues Polimétrico (Punto #1 de la sección titulada "Durante el Acompañamiento") 88

Acerca de la Práctica (ADTR) 89

Unas Últimas Palabras Para El Lector Dedicado 90

Apéndice 91

Secciones de Explicaciónes Alternas y Visualización de Ataques 92

Instrucciones Para la Sección de Explicaciones Alternas 93

Explicación Alterna para los Ejercicios de Poliritmos Dentro de Poliritmos 94

Instrucciones Para la Sección de Visualización de Ataques 106

Visualización de Ataques 107

Referencias 115

Este libro está dedicado a la memoria de mi madre:

Violeta González Bonilla

*Gracias por 23 años de trabajo fuerte,
dedicación, atención, instrucción,
sacrificio y amor...*

"Sin desviación, el progreso no es posible..."

—Frank Zappa

Prólogo

Conceptos Rítmicos Avanzados Para Guitarra

El título lo dice todo.

Este libro es un recurso excelente para personas que quieran indagar más dentro del campo sin fin que es el ritmo.

A pesar del consenso general de que el ritmo es la esencia de la música, parece haber una ausencia de material educativo en esta materia dentro del mundo de la guitarra.

Bueno, aquí lo tienen:

Un enfoque lógico y conceptual hacia el ritmo/poliritmo que podría expandir sus horizontes en términos de la ejecución y la composición.

Obviamente, usted necesitará un buen entendimiento de ritmo básico para poder trabajar con estos conceptos. ¡Una vez empiece a trabajar con el material presentado, encontrará posibilidades infinitas que podrían generar una nueva ola de demencia rítmica!

Ojalá hubiese obtenido este libro 20 años atrás…

Alex Machacek
12/12/2012

Gracias

Quisiera agradecer a **Alex Machacek,** por enseñarme que no hay límite de posibilidades, pero que estudie todas las posibilidades a pesar de ello...

Has sido instrumental en la creación de este libro.

Antti Kotikoski: sin sus enseñanzas, este libro no hubiese sido posible.

Dale Turner: por aconsejarme con respecto a la estructura y el título del libro.

Peter Hume: algunas de las ideas del libro nacieron de conversaciones que tuvimos mientras discutimos algunas de mis composiciones.

Gracias muy especiales a Juan Antonio Rivera: por leer y hacer comentarios de este libro en muchos momentos, así fuese día o noche.

Mi esposa Jary: por todo su apoyo durante el proceso de escribir. Aprecio todo lo que has hecho por mí.

Rivkah Ross: por trabajar conmigo y tener interés en mi música y conceptos. Muchas de las ideas para explicar estos conceptos fueron producto de los 6 meses en que trabajamos en ejecutar mis composiciones.

Jacob Maurer: por "retarme" a siempre escribir más, añadir una parte nueva o discutir un concepto a mayor profundidad. Hizo una gran diferencia, Gracias.

K.P. Krishnamoorthy: por servir como un editor de congruencia. Asegurándome de que las palabras que escribí de 3:00 – 7:30 a.m. tuviesen sentido. Gracias por revisar todas las partes de este libro múltiples veces

Ray Rojo, (artista de baterías TAMA): por grabar la batería para todos los ejemplos auditivos del libro.

Jacob Adler, (ASU): por tomar el tiempo para discutir algunas de mis preocupaciones con respecto a la sección de poliritmos de razón.

Ramiro Padilla: por mezclar los ejemplos auditivos del libro.

Ariel Ramírez López de Victoria: por mantenerme enfocado cuando más lo necesitaba.

A mis amigos y compañeros de trabajo en Musicians Institute.

A cualquiera que me haya hecho dudar de mí mismo; porque de la duda, germina el conocimiento...

(Y yo solo estoy comenzado a aprender...)

Gracias adicionales a: **Bill DeLap, Ben Monder, John Stowell, Dean Brown, Gustavo Assis-Brasil, Chris Juergensen, Beth Marlis, Christina Page, John Charles Edward Roth II y Kaitie Sly.**

Por último, quisiera darles las gracias a todos los miembros de mi familia por toda su ayuda y amor a través de los años:

Wilson Rivera, Francisca "Panchita" Castro, Andrés Rivera, Armando Rivera, Alba Nydia Rivera, Efrén Rivera, Esther Vicente, Carlos M. Colón, Cristina Pereira y José Gamarra.

Prefacio

Este libro nació de mi deseo personal de encontrar un escrito que cubriera los tópicos de modulación métrica, poliritmos, poliritmos dentro de poliritmos y polimétricas (implícitas y explícitas.)

Aunque me había encontrado con los escritos de Read (1978), Chaffee (2000), Magadini (1968, 1983), Willmott (2002), Harrison (1996) y otros; aún no me había topado con un libro que lidiara con todos los tópicos mencionados arriba y que fuese escrito específicamente para la guitarra[1].

Espero que este libro pueda ayudarle a entender algunos de estos conceptos. Es mi deseo que los pueda aprender a un paso más acelerado de lo que me tomó a mí aprenderlos.

Prerrequisitos

1. Para sacarle el mayor provecho a este libro, un conocimiento de ritmo básico no es solo recomendado, es absolutamente necesario.

2. Para poder entender la sección de polimétricas, un entendimiento básico acerca de las divisiones básicas de métricas impares es necesario. Creo que sería bastante difícil encontrar métricas impares dentro de una segunda métrica sin saber cómo funcionan las métricas impares[2].

3. La sección de poliritmos debería ser estudiada y comprendida antes de estudiar la sección de polimétricas.

4. Básicamente, la parte del libro dedicada a modulaciones métricas puede ser estudiada en cualquier momento. Sin embargo, las secciones dedicadas a poliritmos y polimétricas van de la mano, y deberían de ser estudiadas en ese mismo orden.

---

[1] Es importante notar que la mayoría de los autores mencionados son bateristas.

[2] Esta oración se refiere a polimétricas implícitas.

Introducción

Quizás es aparente que el contenido harmónico encontrado en los ejercicios del libro es muy simple, y en algunos casos inexistente. Esto es debido a que el propósito de este libro es que el lector logre fluidez en los conceptos rítmicos demostrados.

Aunque intenté incorporar varios géneros musicales en los ejemplos, la meta de este libro es presentar los conceptos de manera más fácil posible; facilitando así la ejecución de sus ejercicios.

La meta final para el lector debería de ser aprender estos conceptos y aplicarlos a cualquier género que prefiera. Su creatividad será el único límite en términos de cuán profundo/lejos se pueden llevar estos conceptos. Estoy seguro de que muchas de las personas que apliquen estos conceptos los manifestaran en formas en las cuales yo ni siquiera he considerado.

Este hecho es uno de los cuales acentúa la grandeza de la música: los conceptos serán los mismos para todos, pero la forma en que son aplicados debido a la creatividad personal hace toda la diferencia en el mundo.

Por último…

¡Crea tus propios ejemplos y música con los conceptos que el libro contiene en vez de repetir los conceptos nota por nota!

Ejemplos Auditivos

Los ejemplos auditivos para el libro pueden ser descargados en la siguiente página:

http://www.advancedrhythmicconcepts.com/descarga.html

CAPÍTULO 1

Modulación Métrica

La **modulación métrica** es un cambio de un primer tempo a un segundo, donde una nota del primer tempo es igualada a otra nota durante el segundo tempo.

EJ. 1:

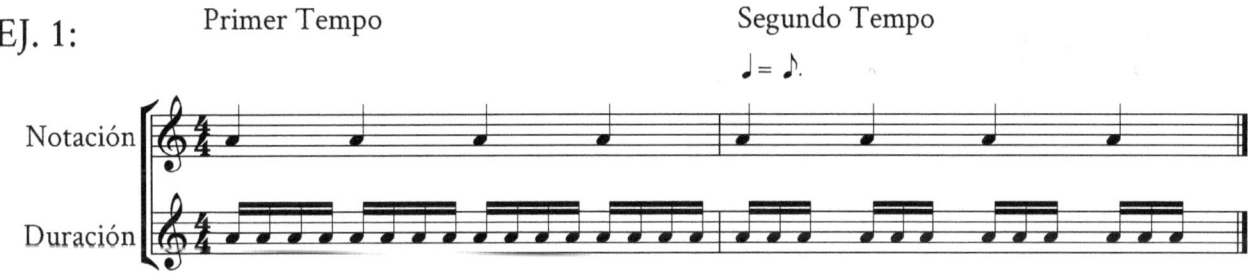

En el ejemplo de arriba, podemos ver como la modulación métrica convierte la negra en una corchea con puntillo. Como puedes ver en los compases identificados como "Duración[3]" la negra pasó de tener una duración de cuatro semicorcheas en el primer compás, a tener una duración de tres semicorcheas en el segundo. **Intenta aplaudir el ejercicio y luego tocarlo en la quinta cuerda de la guitarra.**

A lo mejor has notado que el tempo ha acelerado luego de la modulación métrica. Este es uno de los múltiples usos de la modulación métrica: **decelerar y acelerar el tempo de una banda o conjunto con exactitud completa, sin el uso de señales.**

---

[3] Estos dos compases solo han sido presentados para ayudar al lector a identificar el cambio en duración. Los mismos no se presentarían de tal forma dentro de un contexto musical.

Ahora que has podido aplaudir el ejemplo correctamente, es tiempo de tratar el concepto dentro de un contexto musical[4]:

EJ. 2:

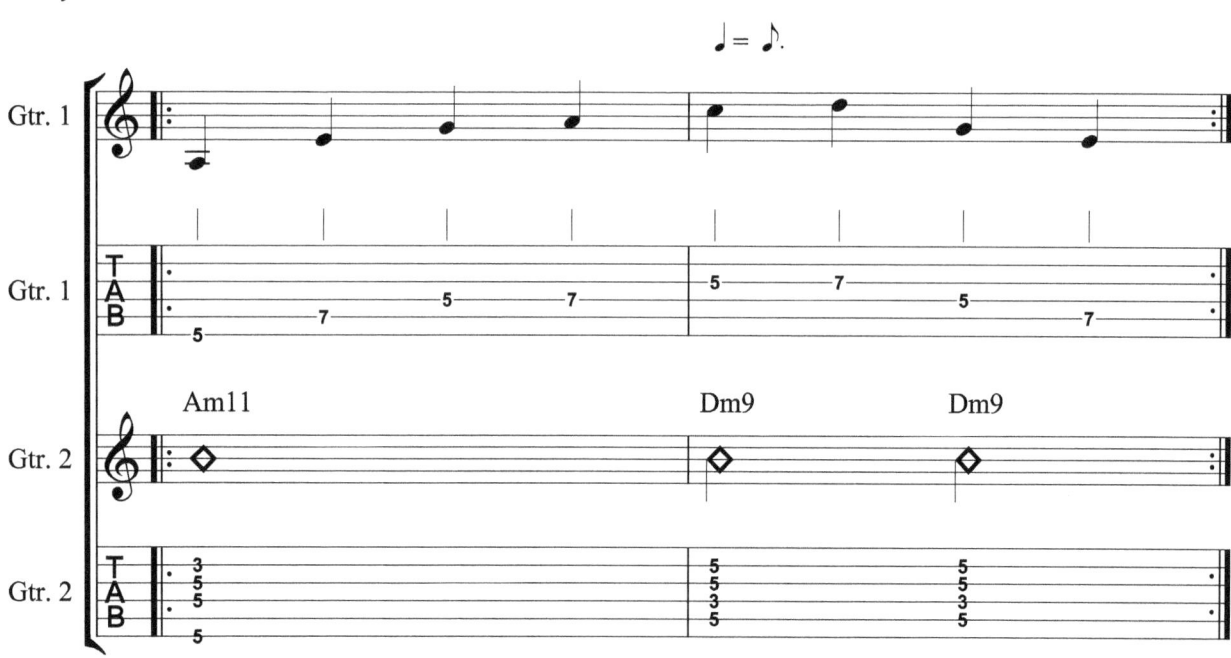

---

[4] Aunque este ejemplo en particular se pudo haber escrito como un compás en 7/4, fue redactado de esta forma por su sencillez de ejecución.

Modulación Métrica Basada en Tresillos

Los tresillos son otra gran herramienta que tenemos a nuestro alcance para acelerar o decelerar tempos a través de una modulación métrica. El ejemplo a continuación acelera el tempo por medio del uso de varios tipos de tresillos[5].

EJ. 3:

---

[5] Los dos compases identificados como "Duración" solo han sido presentados para ayudar al lector a identificar el cambio en duración. Los mismos no se presentarían de tal forma dentro de un contexto musical.

Una Misma Figura Rítmica; Differentes Métricas, Géneros y Tempos

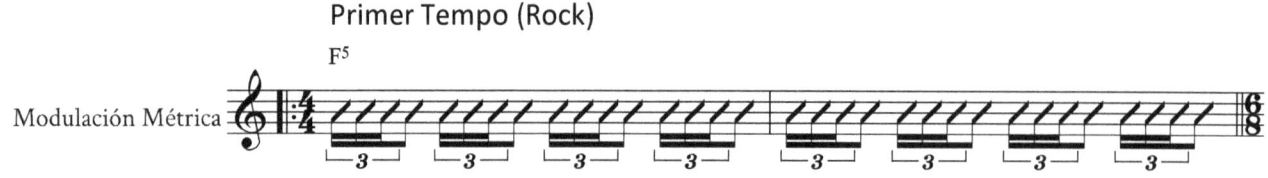

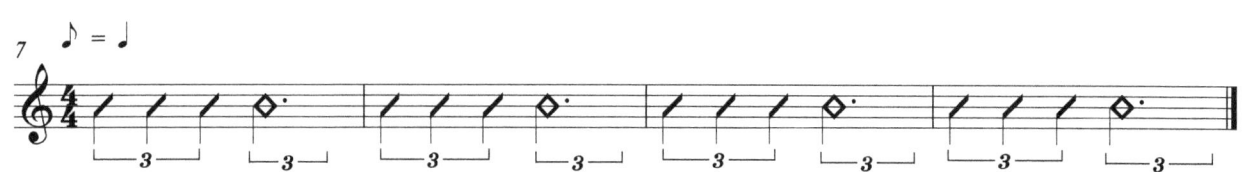

Como puedes ver en el ejemplo de arriba, debido a las modulaciones métricas escogidas, los ataques en el primer tempo tienen la misma duración que en el segundo y tercer tempo. Sin embargo, en el primer tempo el motivo rítmico sucede dentro del espacio de una negra. En el segundo tempo, el motivo rítmico sucede dentro del espacio de un compás de 6/8. Finalmente, en el tercer tempo, el motivo rítmico sucede dentro del espacio de un compás de 4/4.

A pesar de los cambios en métrica, es importante notar que la duración física de las notas no cambiará. En otras palabras, el intérprete está ejecutando el mismo motivo durante todos y cada uno de los tempos. Es posible ejecutar el ejemplo con tan solo contar el número de veces que el motive será ejecutado por compás. Sin embargo, desarrollar la capacidad de poder contar las diferentes métricas es extremadamente importante.

La Modulación Métrica como Herramienta para Escribir Ideas con Compases Inusuales

La modulación métrica también se puede utilizar para escribir ideas que no pueden ser cubiertas utilizando un compás tradicional.

Por ejemplo, en medio de una de mis composiciones surgió una idea para una frase que cubría exactamente **10 semicorcheas dentro de un seisillo**. Tan pronto esta frase terminaba, una nueva comenzaba. De acuerdo a su estructura, la frase necesitaba ser colocada dentro de un compás.

Matemáticamente, 10 semicorcheas dentro de un seisillo tienen una duración de una negra y 66% de otra. Esto creó un problema ya que no había una métrica tradicional que cubriese este espacio de tiempo. Sin embargo, la adición de una modulación métrica nos puede ayudar con este problema.

Paso 1:

Identifica la duración deseada para el compás que estás tratando de escribir.

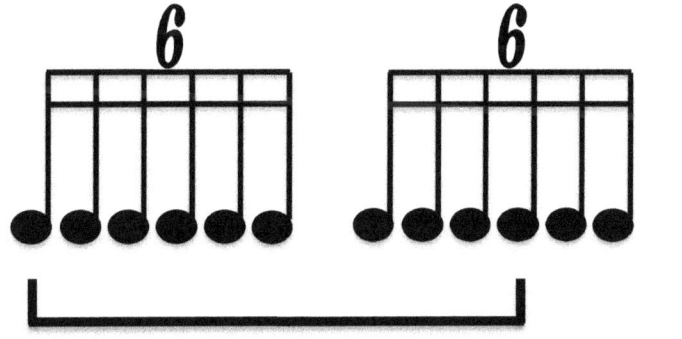

Duración deseada para el compás nuevo

Paso 2:

Como hay **10 ataques equitativos** durante la frase, y todos estos ataques son **semicorcheas**, (olvidémonos del hecho que están dentro de un seisillo por un momento), entonces la métrica más cerca es 10/16. Escribe 10/16 a la izquierda de la figura.

Duración deseada para el compás nuevo

Paso 3:

Para crear el nuevo compás, solo **escribimos en la parte superior izquierda que de ahora en adelante un tresillo de semicorchea va a ser igual a una semicorchea.** Esto le indica al lector que la duración de cada semicorchea dentro del compás nuevo de 10/16 será igual al de un tresillo de semicorchea en el compás anterior. (Recuerda que un tresillo de semicorchea y una semicorchea dentro de un seisillo tienen la misma duración.)

Aquí está el resultado final:

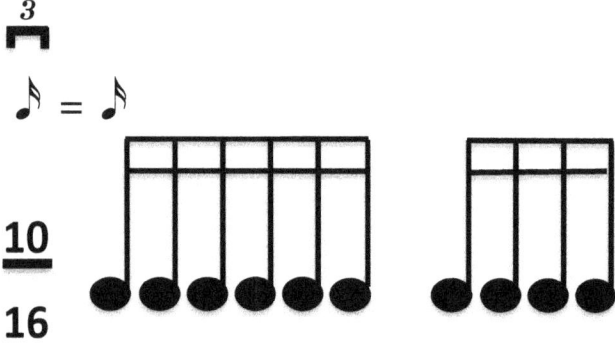

CAPÍTULO DOS

Poliritmos

¿Por qué debo de estudiar poliritmos?

Los poliritmos son solo figuras rítmicas. Debatir sí se deben de estudiar o no es parecido a debatir la importancia de las corcheas, negras, etc. Supongo que podrías decidir no estudiarlas, pero... ¿Por qué tomar esa decisión?

Así como muchos consideran que la función de los acordes es similar a los colores de un pintor, los poliritmos forman parte de la colección de pinceles utilizada para presentar estos colores, el ritmo.

Tener más colores o pinceles no es algo negativo. Al contrario, entre más de ellos tengamos en nuestra colección, mayor es el potencial de que nuestras creaciones desplieguen diversidad[6].

Ahora que hemos discutido la utilidad de los poliritmos, tratemos de entender lo que son y de que están compuestos...

---

[6] Sería mi esperanza que con una variedad substancial de herramientas, ninguna técnica individual se convirtiera en una muletilla.

Poliritmos

Cuando dos ritmos independientes son ejecutados simultáneamente, (donde uno de estos dos ritmos es un ritmo irracional[7]), un poliritmo es creado.

Poliritmos de Razón

Como lo sugiere el título, estos poliritmos están presentados en forma de razón. Un ejemplo de esto sería 5:2, que significa que 5 negras serán ejecutadas en el mismo espacio que normalmente ocupan dos.[8] El poliritmo funciona bajo el mismo principio que los tresillos de negra, donde 3 negras son ejecutadas en el mismo espacio que normalmente ocupan dos. El símbolo 5:2 se lee: "cinco sobre dos", queriéndose decir que llamaríamos a este poliritmo un "poliritmo de cinco sobre dos".

Como determinar la duración exacta de cada una de las divisiones del poliritmo

Para conseguir la división exacta de este tipo de poliritmo, solo tenemos que mirar los números que están escritos dentro del bracket/parénesis cuadrado.

---

[7] Un ritmo irracional es definido como un grupo de notas impar. Read, (1978) p.22.

[8] Como todas las notas involucradas son negras, decimos que este poliritmo está basado en negras.

Fracción

Por mero hecho de darle un nombre, vamos a referirnos al primer número como la **fracción**[9]. Este nos deja saber dos datos acerca del poliritmo:

1. La fracción de una negra[10] que será utilizada.
2. La cantidad de ataques equitativos que ocurrirán a lo largo del poliritmo.

Vamos a aplicar lo que acabamos de aprender acerca de la fracción de un poliritmo de 5:2:

1. La fracción es 1/5 de una negra o una semicorchea dentro de un quintillo.
2. Existirán 5 ataques de una duración equitativa a lo largo de la cantidad de pulsaciones establecidas por el consecuente.

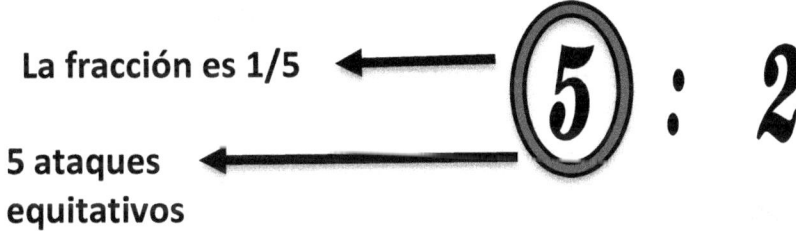

---

[9] En el campo de las matemáticas a este número se le conoce como el antecedente. Sin embargo, llamarle fracción hace énfasis en la pieza de información que obtenemos del poliritmo. Es por esto que he escogido esta nomenclatura para referirme al primer número de la razón. El hecho de que "antecedente" y "consecuente" también son utilizados para describir frases musicales fue otra razón para utilizar una nomenclatura diferente.

[10] En este caso en particular es una fracción de una negra. Esto es solo porque hemos establecido que el poliritmo está basado en negras.

Agrupación

Al segundo número de la razón le llamaremos **la agrupación**[11]. Este nos deja saber los últimos dos datos que necesitamos para diseccionar el poliritmo:

1. La cantidad de fracciones que durará cada uno de los ataques del poliritmo. (En otras palabras, cuantas fracciones tenemos que agrupar para crear uno de los ataques del poliritmo.)

2. La cantidad de pulsos que durará el poliritmo en su totalidad.

Vamos a aplicar lo que acabamos de aprender acerca de la agrupación de un poliritmo de 5:2:

1. Cada ataque del poliritmo tendrá una duración de 2 fracciones. En este caso, esto es igual a 2/5 de una negra o dos semicorcheas dentro de un quintillo.
2. El poliritmo entero durará dos pulsos/negras.

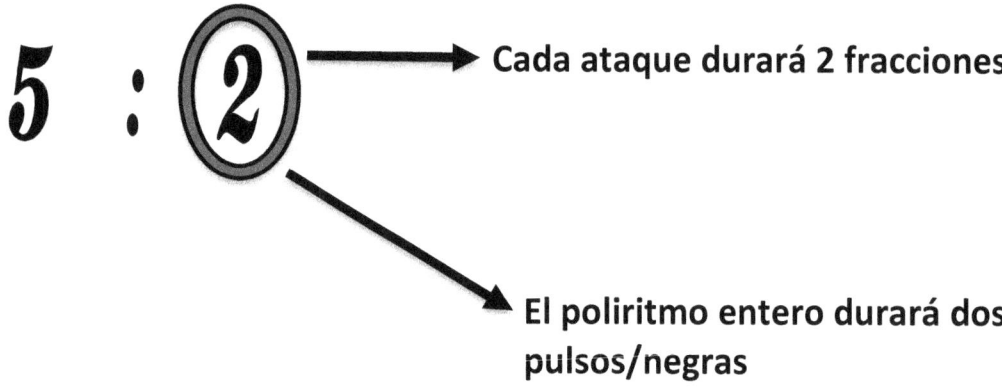

[11] En el campo de las matemáticas a este número se le conoce como el consecuente. Sin embargo, llamarle la agrupación hace énfasis en la pieza de información que obtenemos del poliritmo. Es por esto que he escogido esta nomenclatura para referirme al segundo número de la razón. El hecho de que "antecedente" y "consecuente" también son utilizados para describir frases musicales fue otra razón para utilizar una nomenclatura diferente.

Ahora que tenemos la información necesaria, construyamos un poliritmo de 5:2:

Paso 1:

Basado en lo que hemos discutido, en un poliritmo de 5:2, la **fracción** es 1/5 de una negra o una semicorchea dentro de un quintillo.

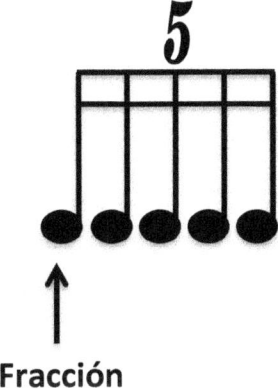

Fracción

Paso 2:

La **agrupación** nos dice que el poliritmo entero tendrá una duración de dos negras. Escribe suficientes fracciones como para llenar el espacio cubierto por dos negras.

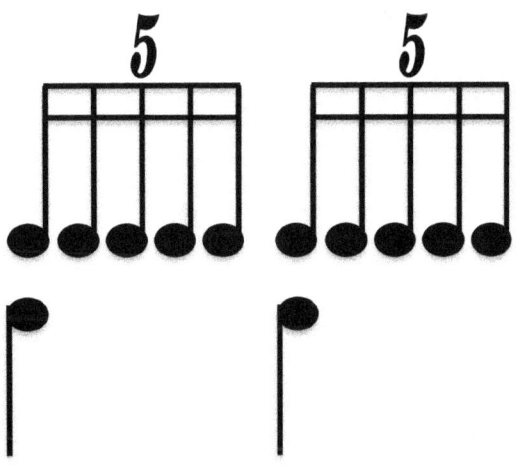

Paso 3:

La agrupación también nos dice que cada ataque del poliritmo tendrá una duración de dos fracciones. En otras palabras, cada ataque tendrá una duración de 2/5 de negra o dos semicorcheas dentro de un quintillo. Agrupemos las fracciones de dos en dos utilizando brackets/paréntesis cuadrados.

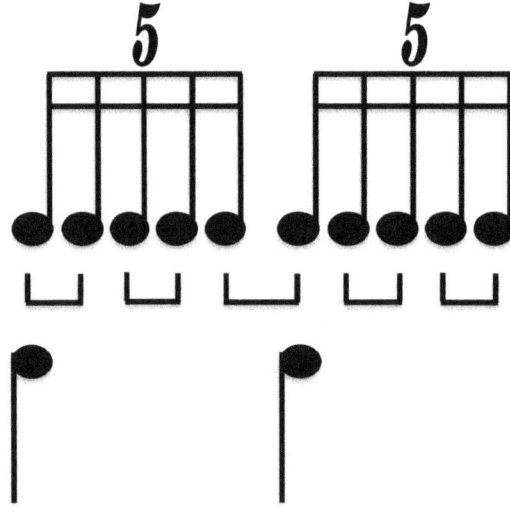

Paso 4:

Luego de consolidar las duraciones de cada ataque, terminamos con 5 ataques de duración equitativa. Si recuerdas, este fue el último pedazo de información que obtuvimos de la fracción. (Es también una forma de corroborar que nuestro análisis del poliritmo fue correcto). Una vez eliminemos las dos negras de referencia, habremos llegado a la notación correcta del poliritmo de 5:2.

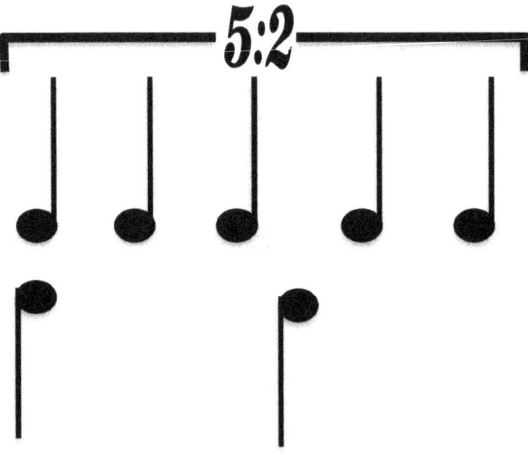

Estudio de 5:2

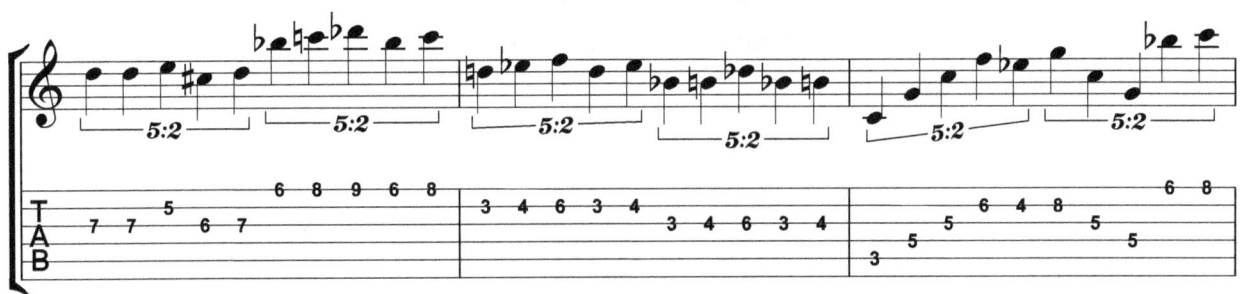
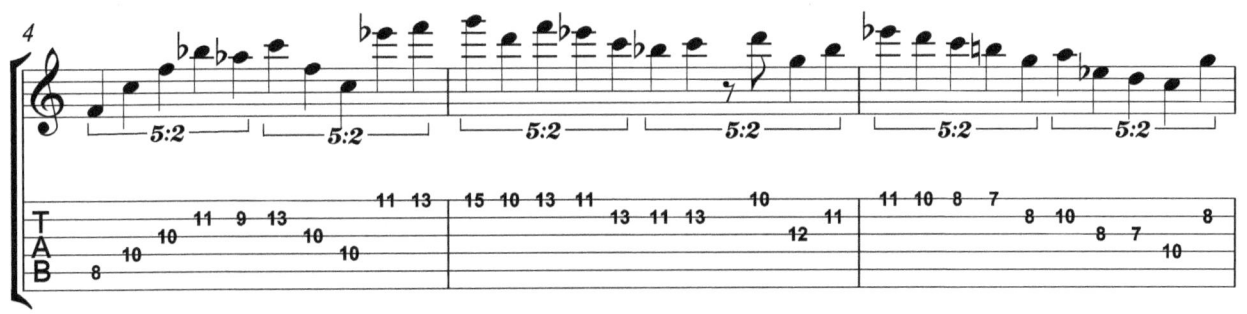
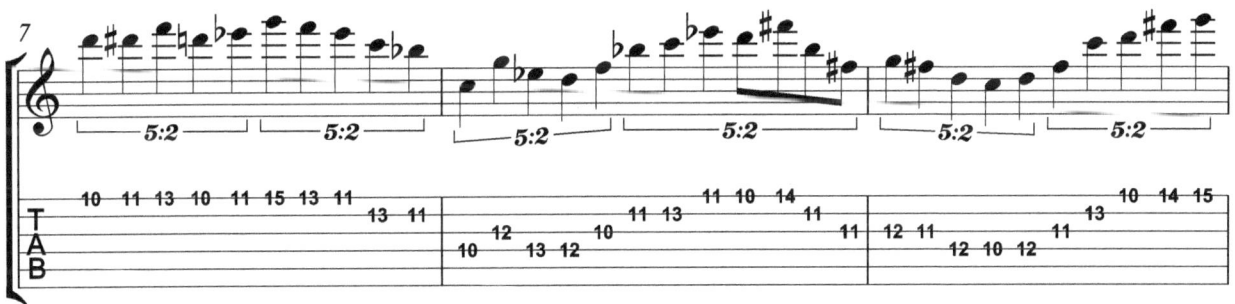
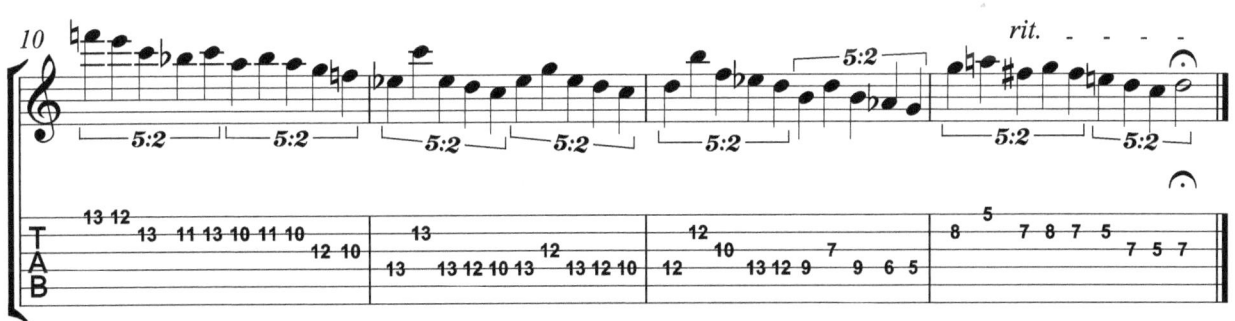

Notación de Poliritmos de Razón

En conversaciones con Jacob Adler, autor del libro "Wheels Within Wheels: A Study of Rhythm[12]"; el tema de poliritmos de razón fue discutido. Esto es lo que el autor mencionó al respecto:

"Durante la notación de proporciones rítmicas, se asume que ambos lados de la razón se refieren a la misma figura rítmica.

Por ejemplo, en un compás de 4/4, 5 negras se escriben con un bracket/paréntesis cuadrado que incluye la razón 5:4. Esto significa que se ejecutarán 5 negras en el espacio de 4."

---

[12] Además de ser autor de libros, Jacob enseña ritmo Avanzado en ASU, ha estudiado ritmo carnático y su aplicación a la improvisación en la música clásica y contemporánea en el Conservatorio de Ámsterdam.

Poliritmo de 4:3

En algunas ocasiones encontrarás a este poliritmo escrito de la siguiente forma:

Si intentaras de analizar este poliritmo basado en esta notación específica, probablemente llegarías a la conclusión de que el mismo está basado en corcheas[13].

Sin embargo, es importante notar que la métrica es 3/4 y que el poliritmo ocupa todo el espacio de un compás. Esto significa que el poliritmo tiene una duración total de 3 negras. Como se asume que ambos lados de la razón hablan de la misma figura rítmica, esto nos deja saber que el poliritmo está basado en negras[14].

La notación de razón de este poliritmo se escribe de la siguiente manera:

---

[13] Esta percepción falsa, entre otras razones, me ha llevado a disentir con esta notación. A pesar de ello, mi intención es que este libro demuestre la mayor cantidad de notaciones posibles, (erróneas o no), con el propósito de que no tomen al lector por sorpresa mientras estudia una partitura.

[14] Nota como la notación al principio de la página no se conforma a la guía previamente mencionada por Jacob Adler.

Vamos a construir el poliritmo paso por paso...

Paso 1:

En un poliritmo de 4:3, la **fracción** sería 1/4 de una negra o una semicorchea.

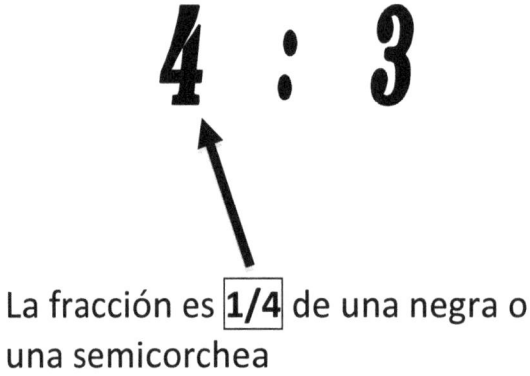

La fracción es 1/4 de una negra o una semicorchea

En otras palabras...

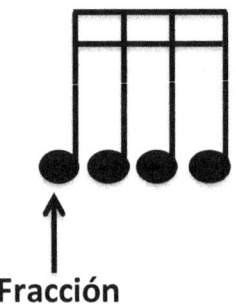

Fracción

Paso 2:

La **agrupación** nos dice que el poliritmo durará un total de tres negras.

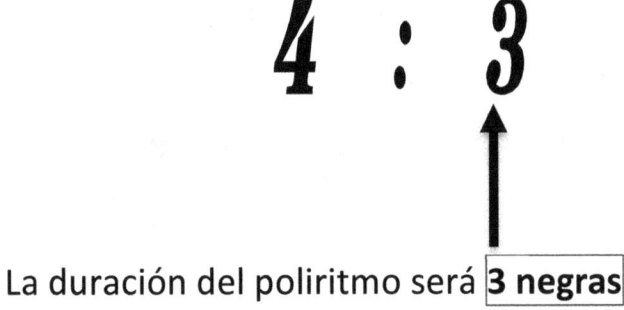

Escribe suficientes fracciones como para llenar el espacio cubierto por tres negras:

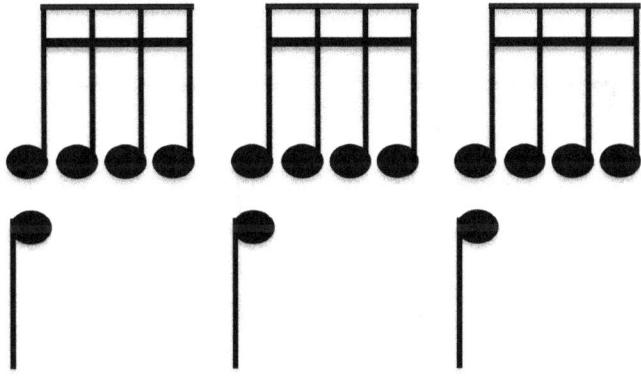

Paso 3:

La **agrupación** también nos dejar saber que cada ataque del poliritmo tendrá una duración de 3 fracciones/semicorcheas.[15] Agrupemos las fracciones en conjuntos de tres utilizando brackets/paréntesis cuadrados.

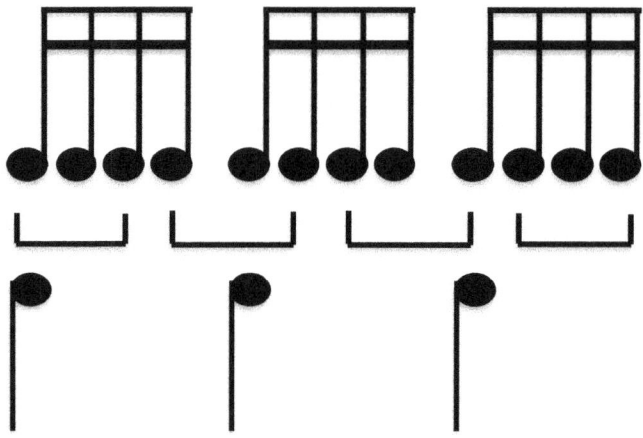

Paso 4:

Luego de consolidar las duraciones de los ataques, terminamos con 3 ataques equitativos. Una vez eliminemos las tres negras de referencia, habremos llegado a la notación correcta del poliritmo de 4:3.

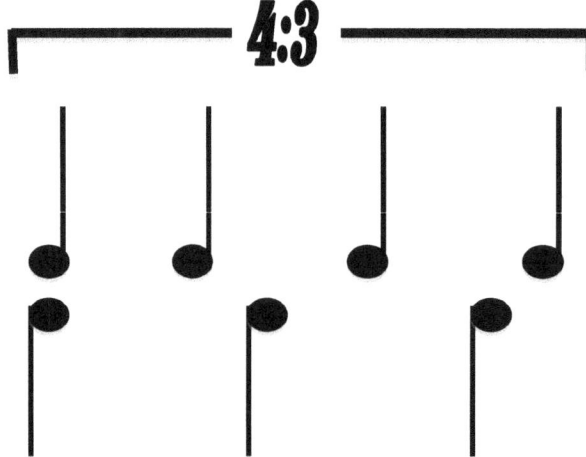

---

[15] Por esta razón, este poliritmo en particular también podría ser escrito como cuatro corcheas con puntillo consecutivas.

Página en blanco para facilitar la lectura de partituras.

Impresiones de 4 Sobre 3

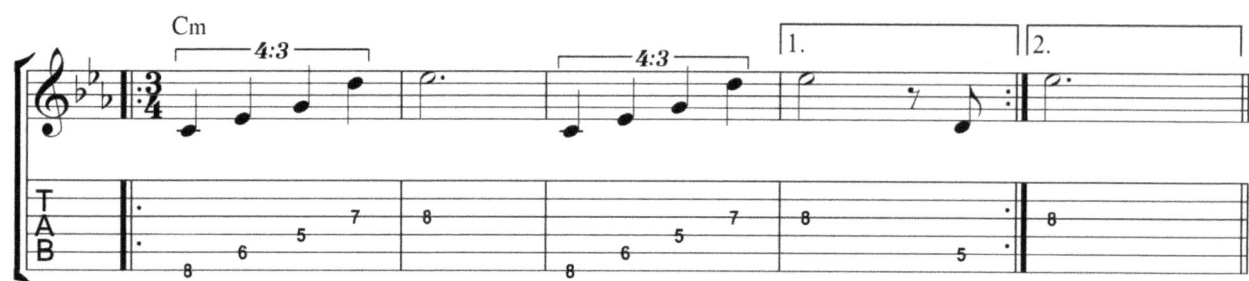

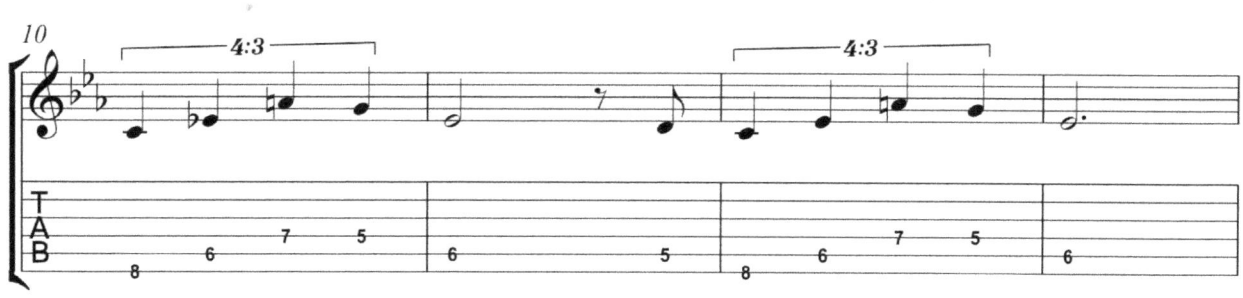
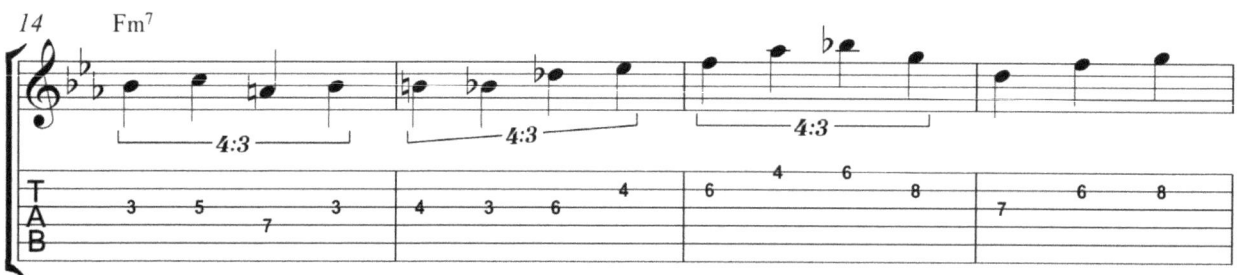

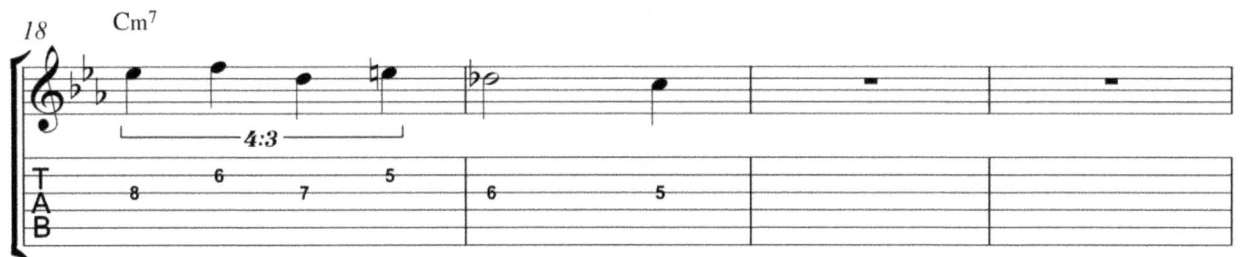
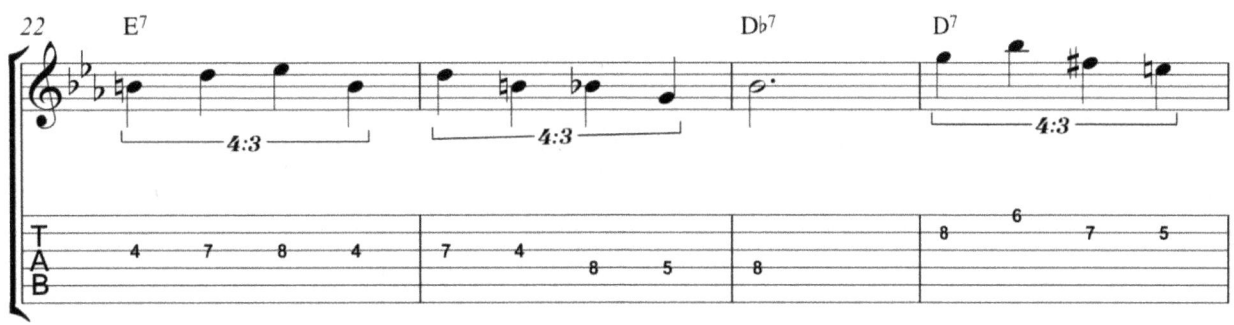
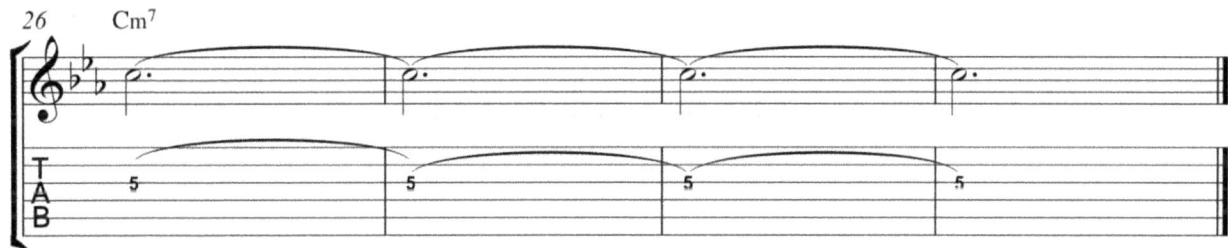

Poliritmo de 3:7

Observemos un poliritmo de 3:7. Usando lo que hemos aprendido, podemos llegar a la conclusión de que el poliritmo tendrá 3 ataques con una duración total de 7 pulsos/negras. También podrías pensar en el como un "tresillo" con una duración total de 7 negras.

¿Como puedo mantener en tiempo un tresillo con una duración tan larga?

Busca un lápiz y papel, vamos a construirlo…

Step 1:

En un poliritmo de 3:7, la **fracción** sería 1/3 de una negra o una corchea dentro de un tresillo de corcheas.

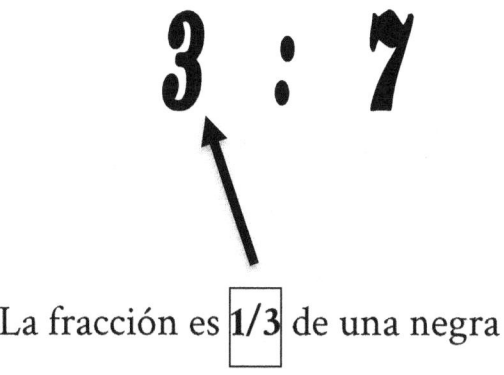

La fracción es 1/3 de una negra

En otras palabras...

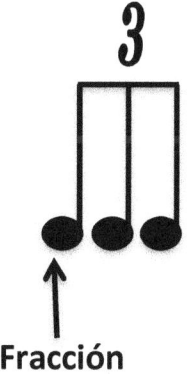

Fracción

Paso 2:

La agrupación nos dice que el poliritmo va a tener una duración total de 7 negras.

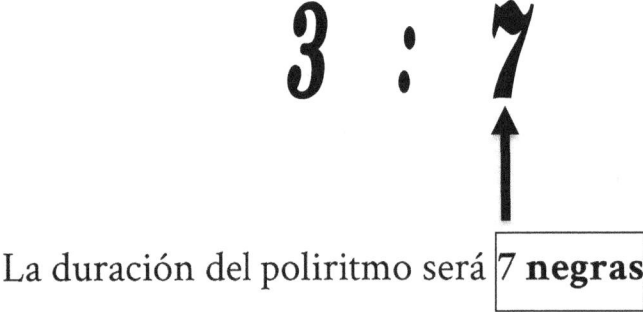

Escribe suficientes fracciones como para llenar el espacio cubierto por siete negras:

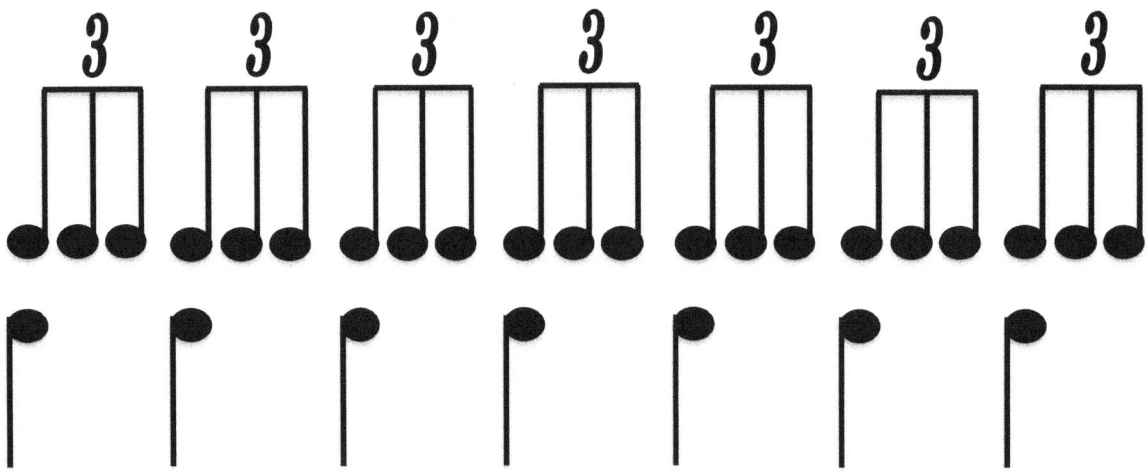

Paso 3:

La agrupación también nos indica que cada ataque del poliritmo tendrá una duración de 7 fracciones; queriéndose decir, 7 corcheas dentro de un tresillo de corchea. Agrupemos las fracciones en conjuntos de siete utilizando brackets/paréntesis cuadrados.

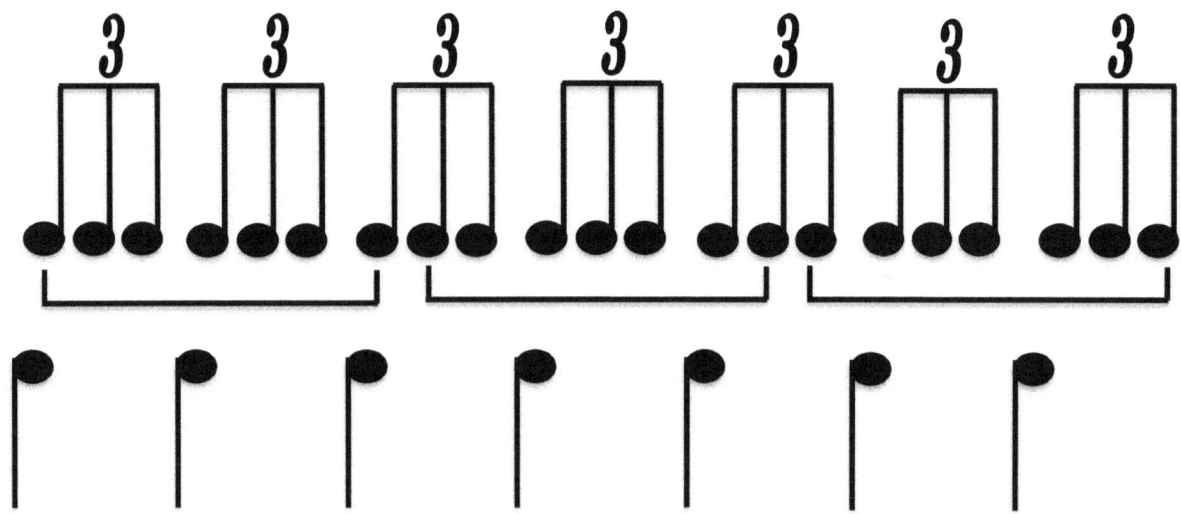

Paso 4:

Luego de consolidar las duraciones de los ataques, terminamos con 3 ataques equitativos. Una vez eliminemos las siete negras de referencia, habremos llegado a la notación correcta del poliritmo de 4:3.

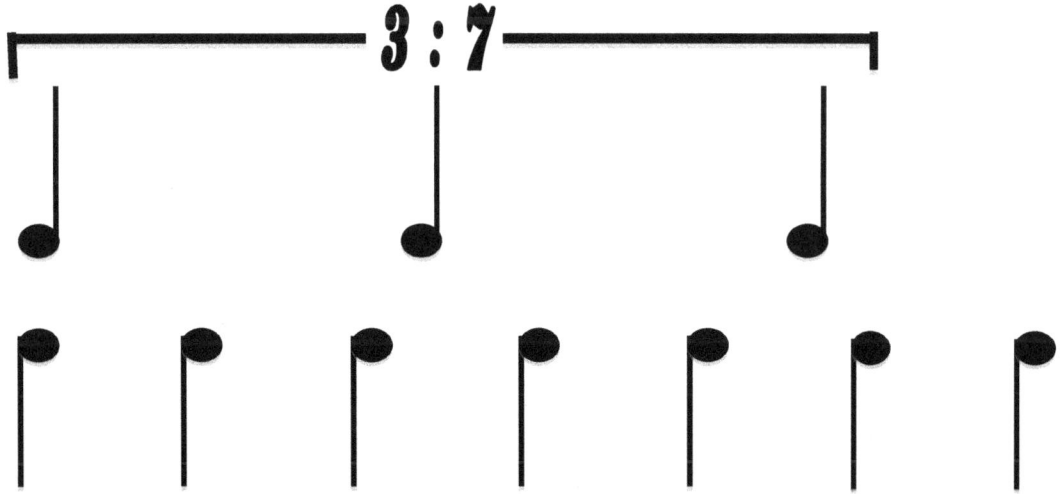

Ejercicio de 3:7

Jan Rivera

Poliritmo de 3:5

Para terminar esta sección discutiremos un poliritmo de 3:5. Para saber cuánto dura cada división, seguiremos el mismo principio que utilizamos para el poliritmo de 3:7. El mismo tendrá tres ataques equitativos durante una duración de 5 negras. Podrías pensar en el como un "tresillo: con una duración total de 5 negras.

Abajo puedes ver la duración total de cada uno de los ataques[16].

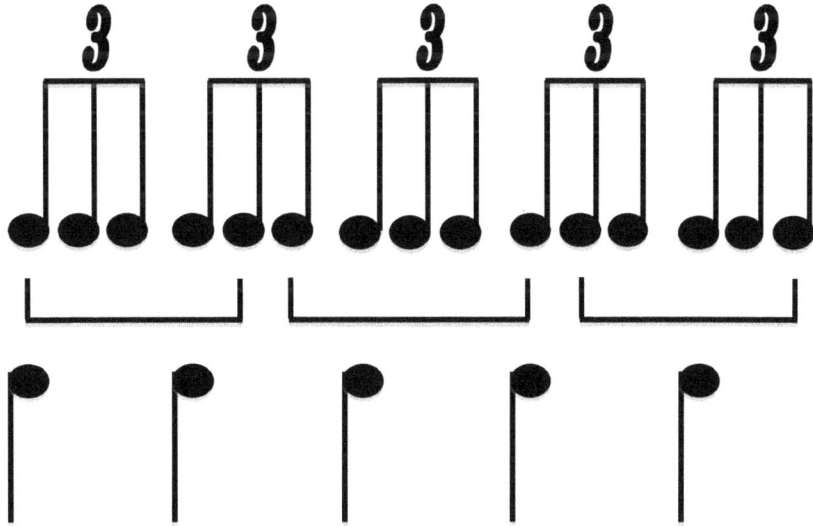

---

[16] Para una construcción completa, solo sigue los mismos pasos utilizados en el poliritmo de 3:7. (Recuerda hacer los ajustes necesarios.)

Estudio de 3:5

Jan Rivera

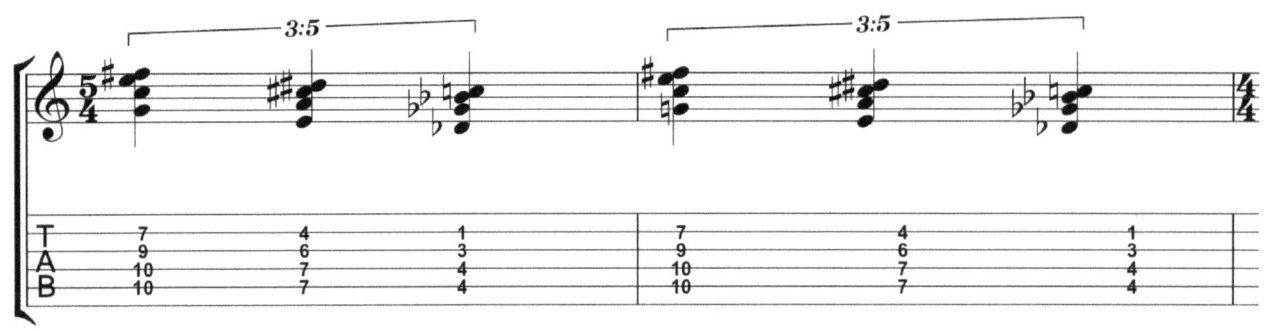
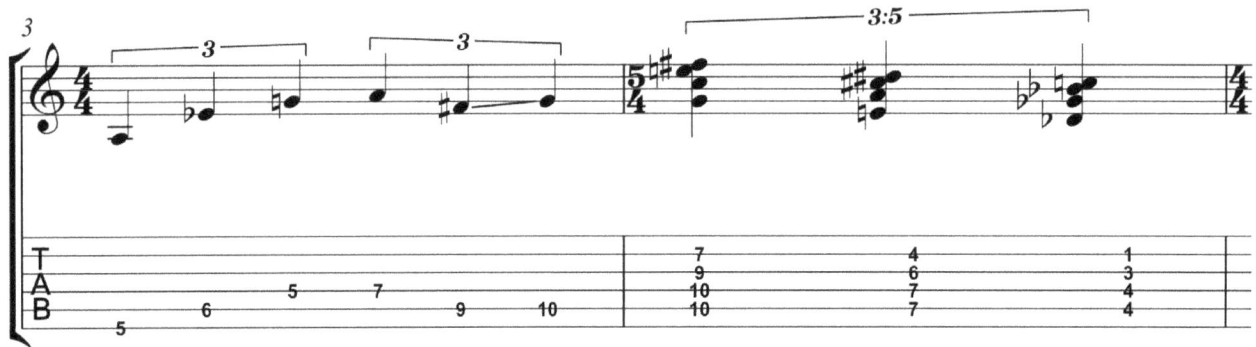
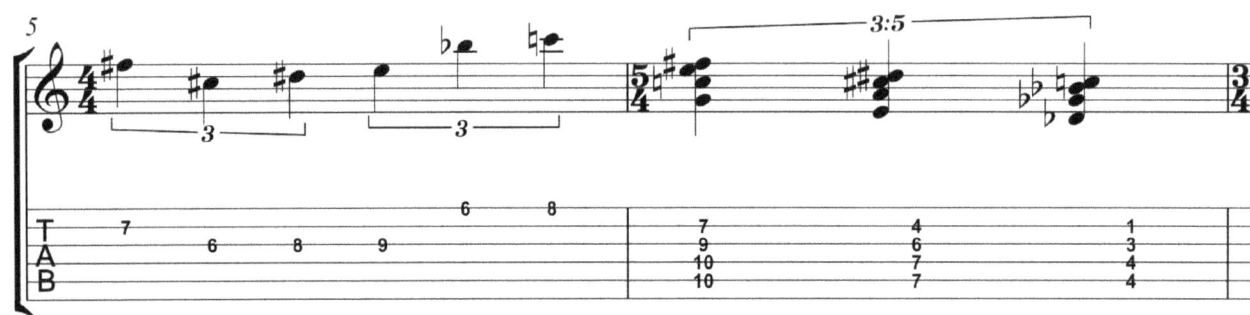
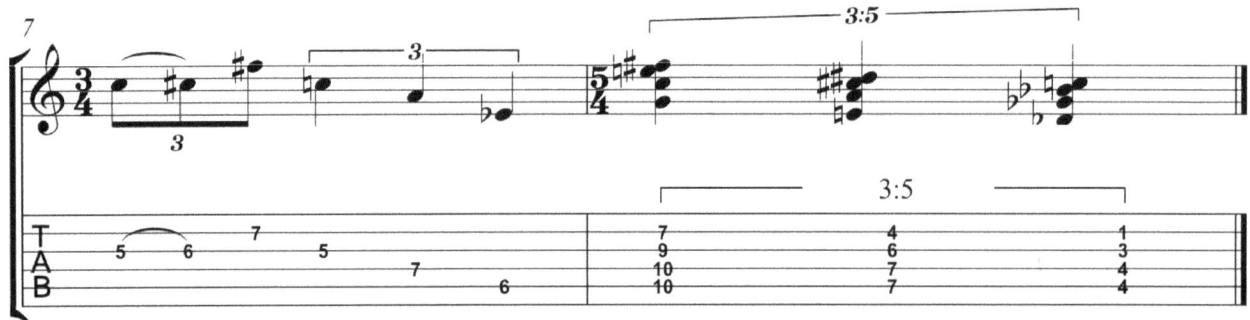

Poliritmos de Razón no Basados en Negras:

Hasta este punto, todos los poliritmos que hemos discutidos han sido basados en negras[17]. **Cuando se trata de poliritmos de razón que no están basados en negras, el proceso de construcción cambia,** así que construiremos uno ahora.

Con tal de prepararnos para lo que vendrá luego en esta sección, practiquemos escribir una versión muy común de estos poliritmos. El mismo está escrito en forma proporcional.

Aquí tenemos a un tresillo de corcheas en notación tradicional:

Aquí está escrito en forma de razón:

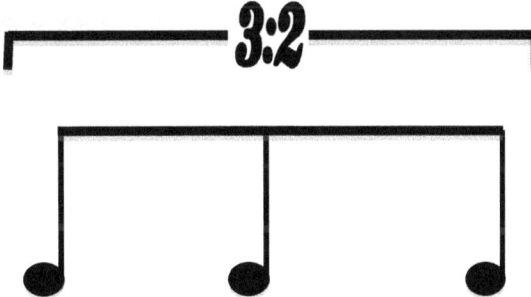

Este poliritmo es basado en corcheas, ya que tendrá 3 corcheas en el espacio que normalmente ocupan dos.

---

[17] Como mencionado anteriormente en la nota de calzo de la página 8, "basado en negras" significa que todas las notas del poliritmo/ambos lados de la razón son negras.

Vamos a construirlo para ver cómo cambia el proceso:

Paso 1:

En un poliritmo de 3:2 basado en negras, la **fracción** sería 1/3 de una negra o una corchea en un tresillo de corcheas. Sin embargo, **como este poliritmo está basado en corcheas, la fracción será 1/3 de una corchea.** (Una semicorchea dentro de un tresillo de semicorchea).

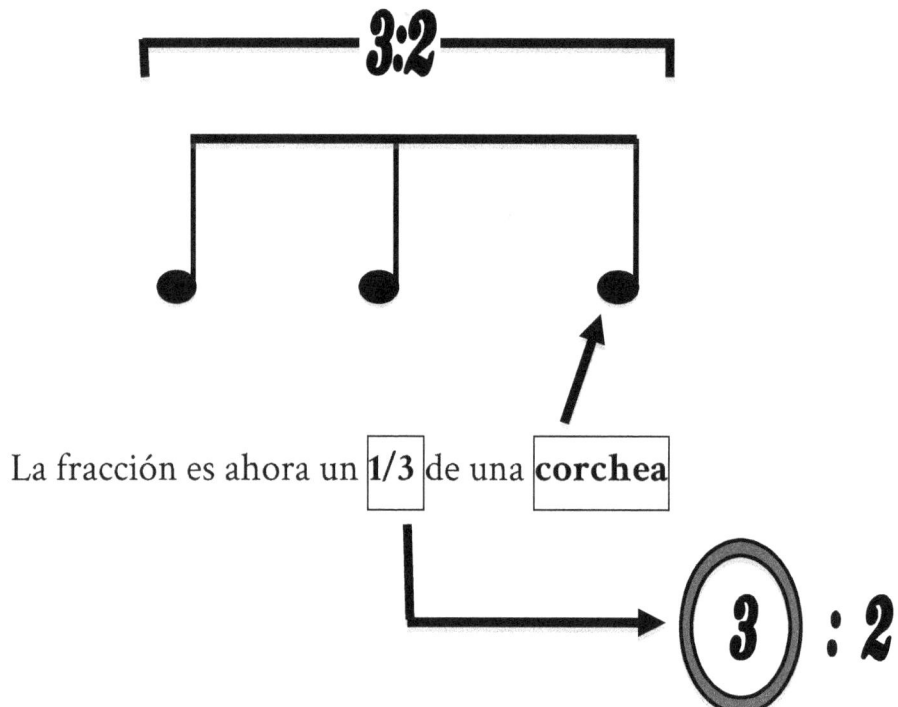

En otras palabras...

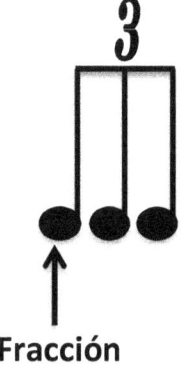

Fracción

Paso 2:

La **agrupación** normalmente nos diría que el poliritmo tendría una duración total de dos negras. Sin embargo, **como éste poliritmo está basado en corcheas, su duración total será de dos corcheas.**

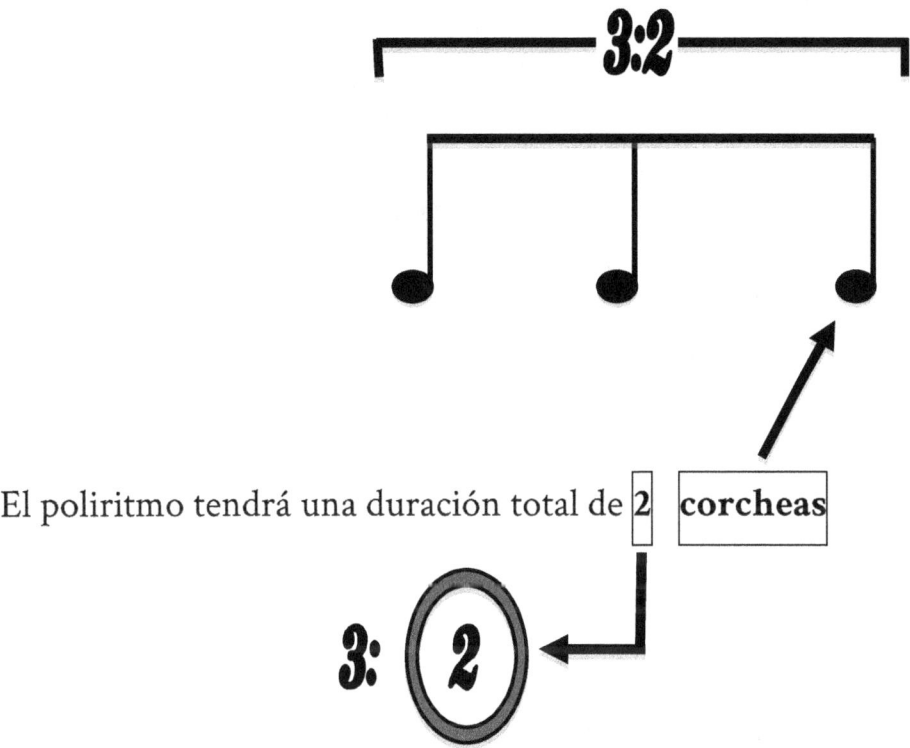

Escribe suficientes fracciones como para llenar el espacio cubierto por dos negras:

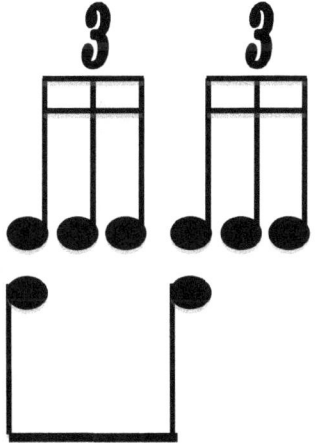

Paso 3:

La **agrupación** también nos diría que cada uno de los ataques del poliritmo tendrían una duración de dos fracciones o dos semicorcheas dentro de un tresillo de semicorchea. Este dato no cambiará. Agrupemos las fracciones en conjuntos de dos utilizando brackets/paréntesis cuadrados.

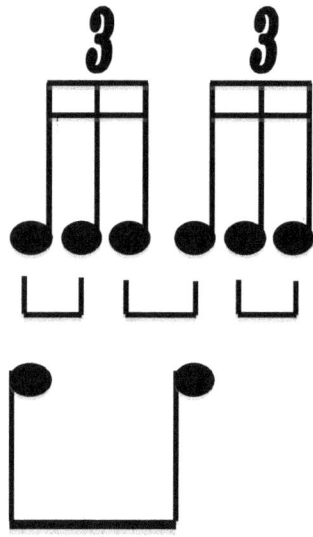

Paso 4:

Luego de consolidar las duraciones de los ataques, terminamos con 3 ataques equitativos.

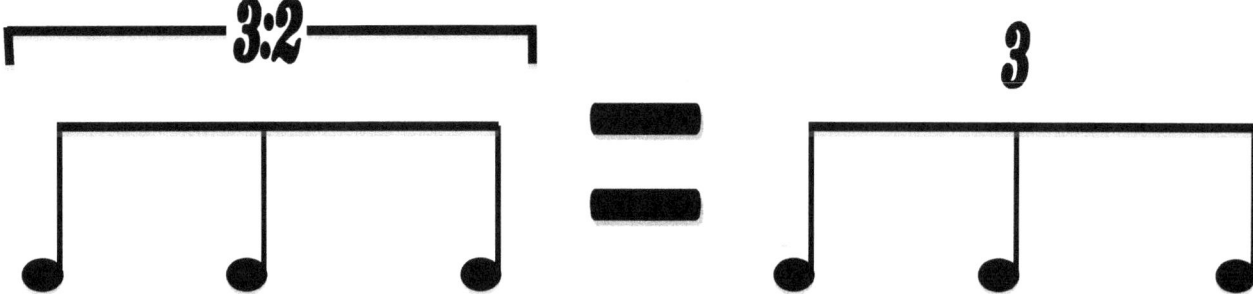

Poliritmos de Razón + Nota

En algunas ocasiones, los poliritmos de razón tienen una nota escrita a la derecha del último número[18]:

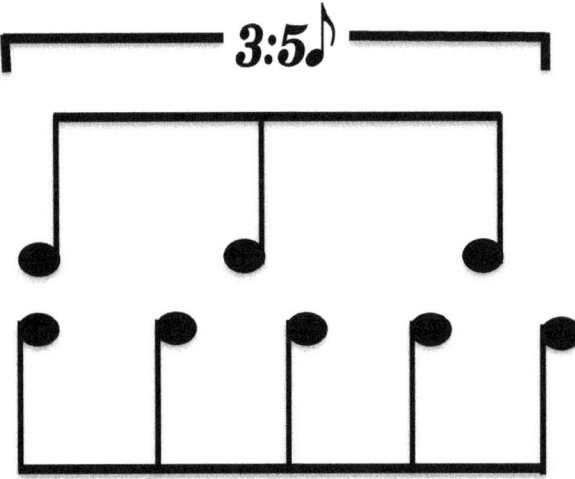

Cuando esto suceda, solo sigue los pasos aprendidos en la sección de poliritmos de razón no basados en negras. Esencialmente, el poliritmo escrito arriba es el mismo que el que está presentado a continuación:

---

[18] Si no existe una nota a la derecha de la razón, se asume que el poliritmo está basado en las notas que se encuentran dentro del bracket/paréntesis cuadrado.

Con Respecto a la Notación

Hay unas cuantas formas de escribir poliritmos. Los compositores escogen su notación preferida en base a diferentes factores. Esta variación de selección es presente hasta en el caso de cinquillos, seisillos, etc. Es decir, poliritmos para los cuales tradicionalmente se ha adoptado otra notación donde la razón no está escrita.

Ejemplos de variación en preferencia:

Gary Chaffee prefiere notar todos sus agrupamientos irregulares, (quintillos, etc.), utilizando notación de razón, incluyendo aquellos que usualmente se escriben utilizando notación tradicional.

Aquí sus pensamientos en el tema: "Sin embargo, personalmente prefiero el uso de dos números, (refiriéndose a la notación de razón), ya que suplen más información básica[19]."

En contraste, si te encontraras hojeando las páginas de "The Frank Zappa Guitar Book", observarias que el uso de la notación de razón + nota es preferido. (Con la excepción de aquellos que comúnmente se escriben con notación tradicional; los cuales son expresados utilizando la misma).

---

[19] Chaffee, 2000, p.15

CAPÍTULO TRES

Poliritmos Dentro de Poliritmos

Los poliritmos pueden ser construidos en niveles. Para construir un nuevo nivel, tomamos un poliritmo existente e integramos otro poliritmo dentro de una o más de sus divisiones.

Poliritmo original:

Poliritmo nuevo a ser integrado dentro del poliritmo original:

El poliritmo nuevo dentro del poliritmo original:

Como Practicar los Ejercicios de División de Poliritmos/ Poliritmos Dentro de Poliritmos

Como las primeras 5 páginas de estos ejercicios trabajan primordialmente con poliritmos adentro de tresillos de negra, vamos a discutir la práctica de los mismos[20]:

Practica tresillos de negra "ad nauseam"....

¿Como los debo de practica? El próximo ejercicio debería ser de ayuda...

Ejercicio:

Paso 1: Practica contando en voz alta. Marca 4 negras con tu pie mientras cuentas el siguiente ejemplo:

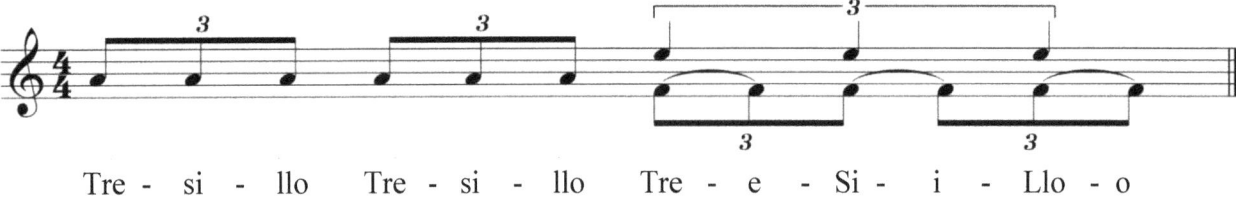

Tre - si - llo   Tre - si - llo   Tre - e - Si - i - Llo - o

Como puedes ver, tan pronto empieza el tresillo de negra, cada sílaba de la palabra tresillo se duplica. Esto no es un error, debes de empezar a visualizar estos ataques como un ataque mayor, ya que estas dos corcheas dentro del tresillo de corchea componen una negra dentro del tresillo de negra. Una vez logres juntar los ataques, concéntrate en contar el tresillo de negra.

---

[20] Sin embargo, este método de práctica es aplicable a los ejercicios con poliritmos dentro de tresillos de blanca.

Paso 2: Mientras ejecutas el primer paso, golpea tu pierna con una de tus manos por cada uno de los ataques del tresillo de negra. Hacer esto te ayudará a visualizar los ataques mejor.

Una vez puedas ejecutar los tres ataques fácilmente, aplica esta forma de practica a los Ejercicios de División de Poliritmos mientras cuentas los ritmos de cada ejemplo.

Luego de lograr esto, intenta tocar los ejercicios en la guitarra.

Es vital que desarrolles la capacidad de ver y sentir esos tres ataques independientemente.

Si estas teniendo problemas entendiendo las figuras en los ejercicios a continuación, o quisieras ver una explicación de la duración exacta de cada nota; existe una explicación alterna para cada uno de los ejercicios en la parte de atrás del libro[21]. Te exhorto a que estudies ambas, ya que te darán formas distintas de ver estos conceptos.

(Idealmente, deberías de entender ambas explicaciones…)

---

[21] Estas pueden ser encontradas en la sección de Explicaciones Alternas Para los Ejercicios de División de Poliritmos/Poliritmos Dentro de Poliritmos.

Ejercicios de División de Poliritmos/Poliritmos Dentro de Poliritmos

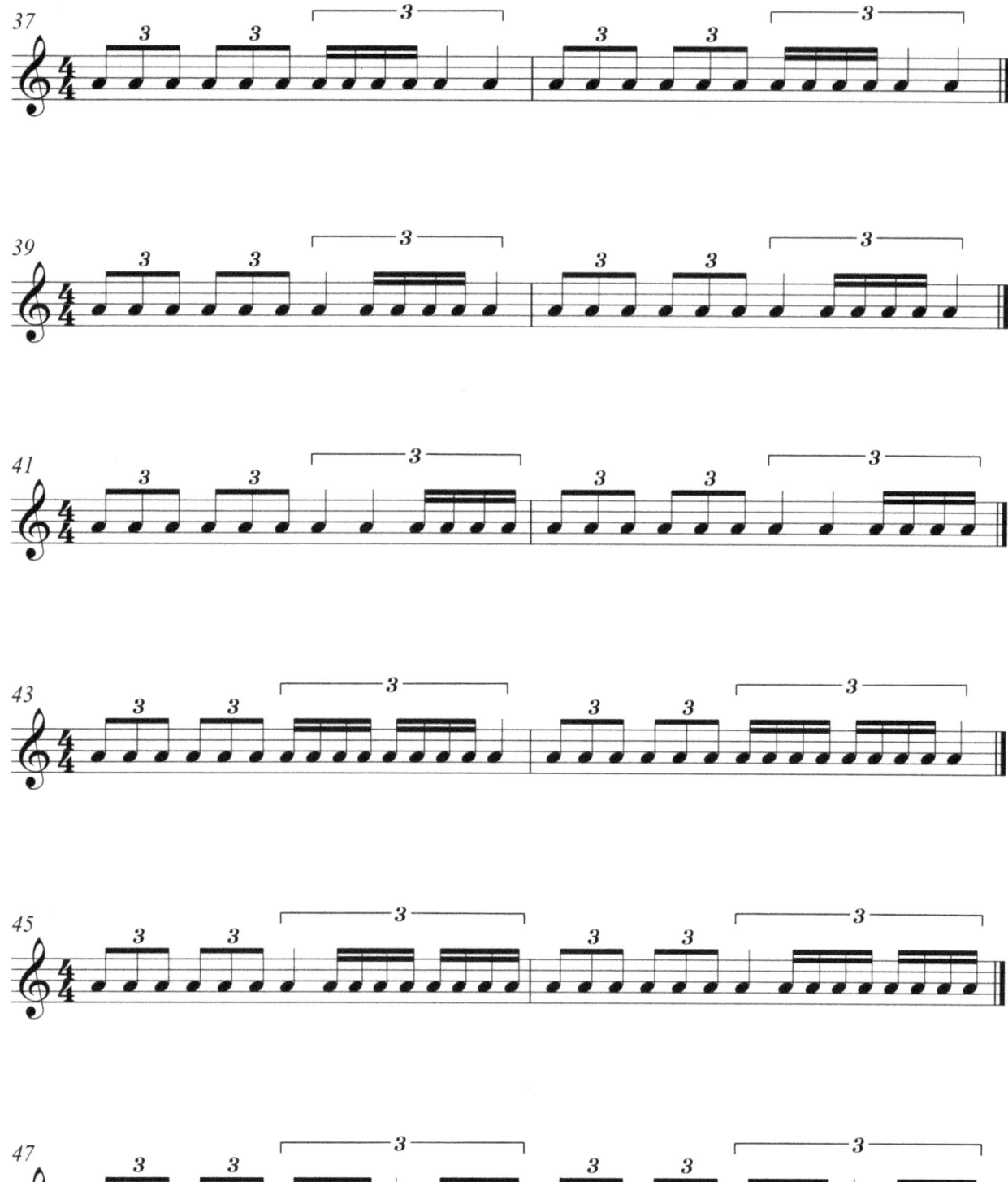

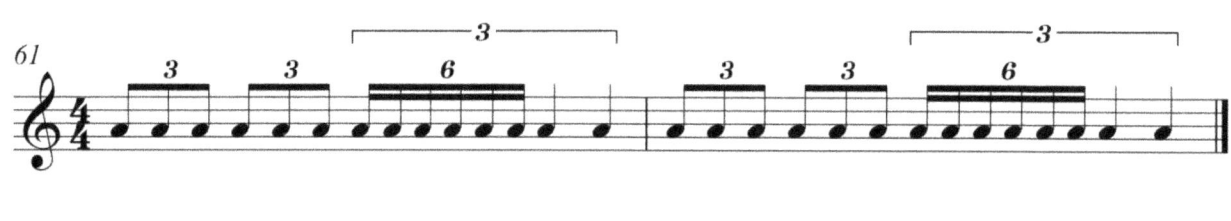

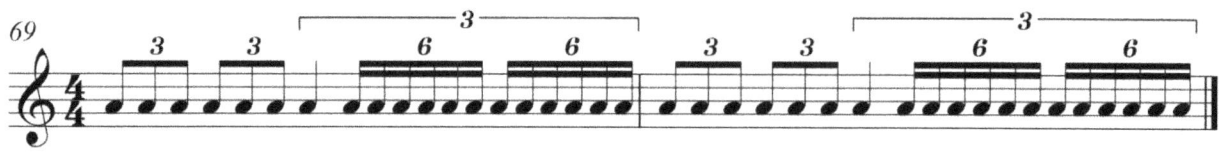
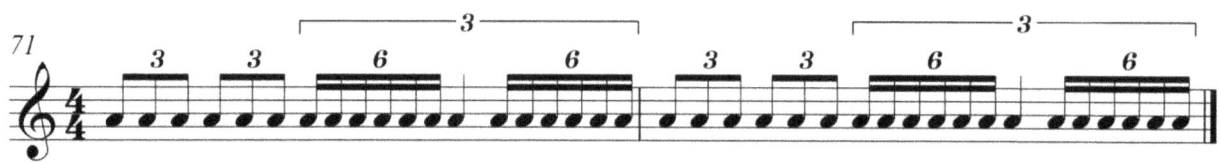

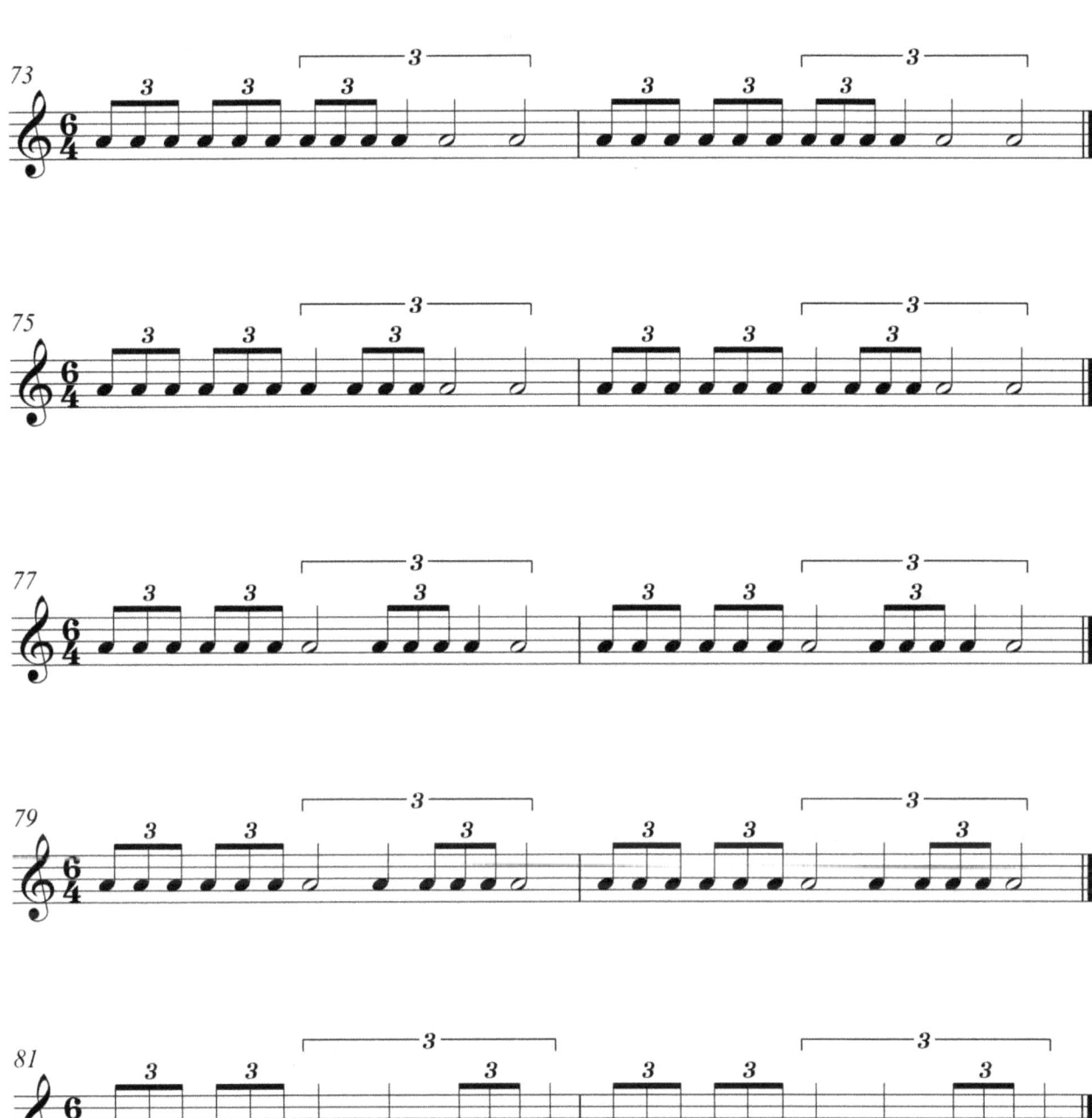

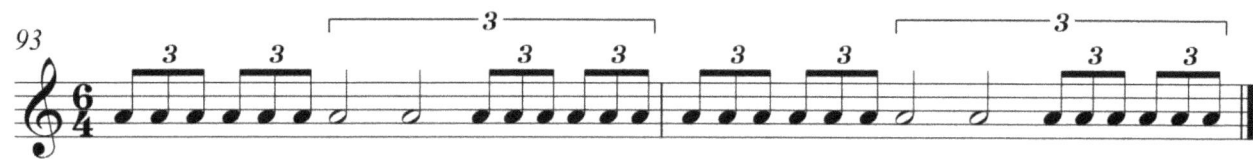
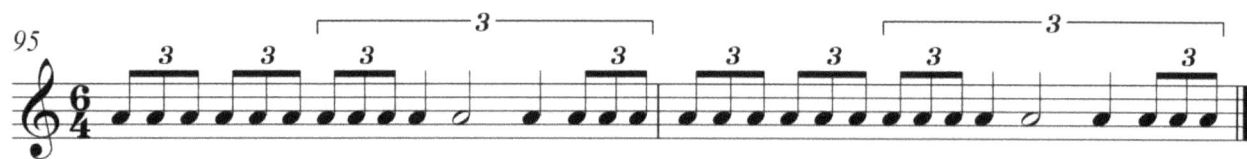

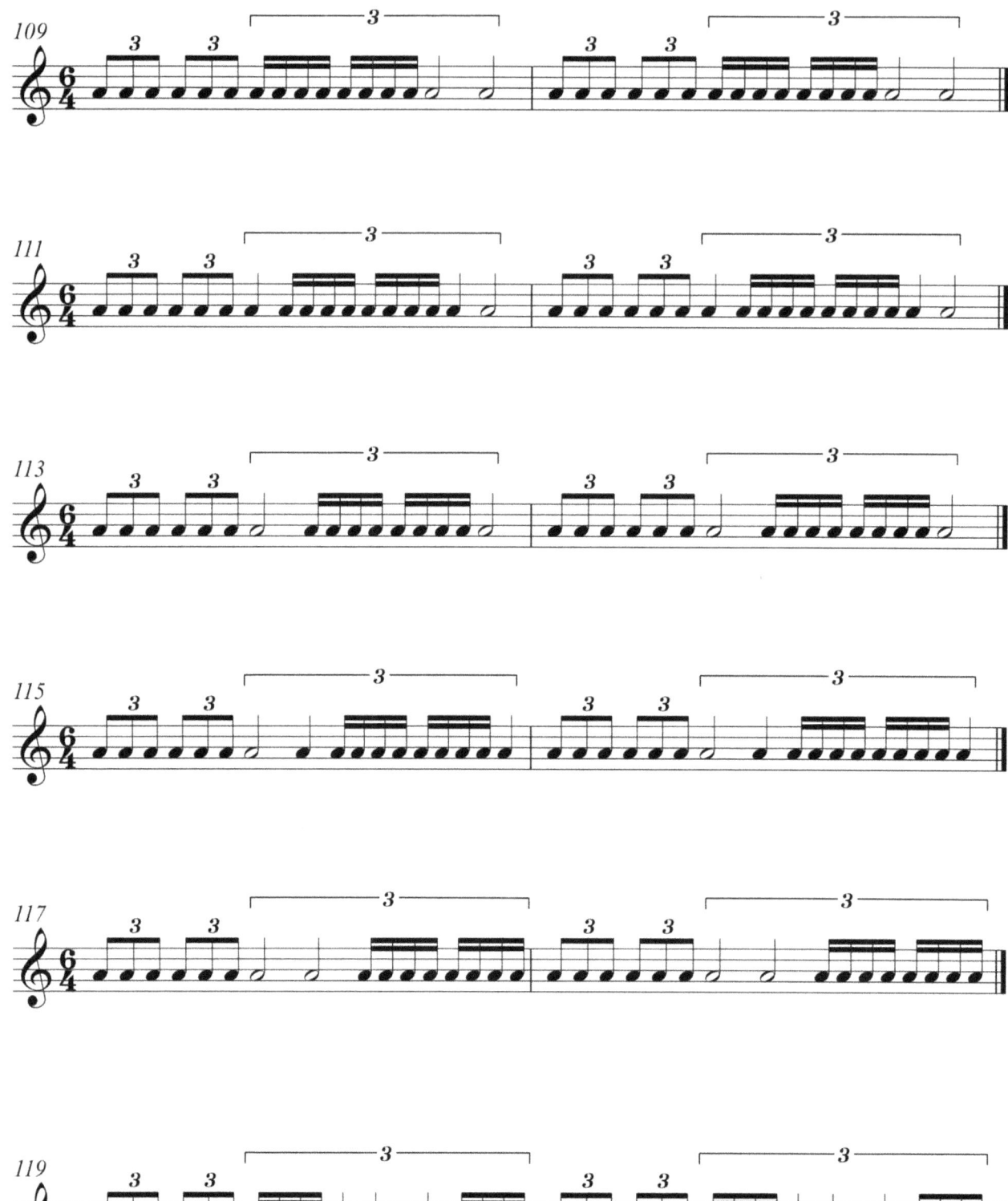

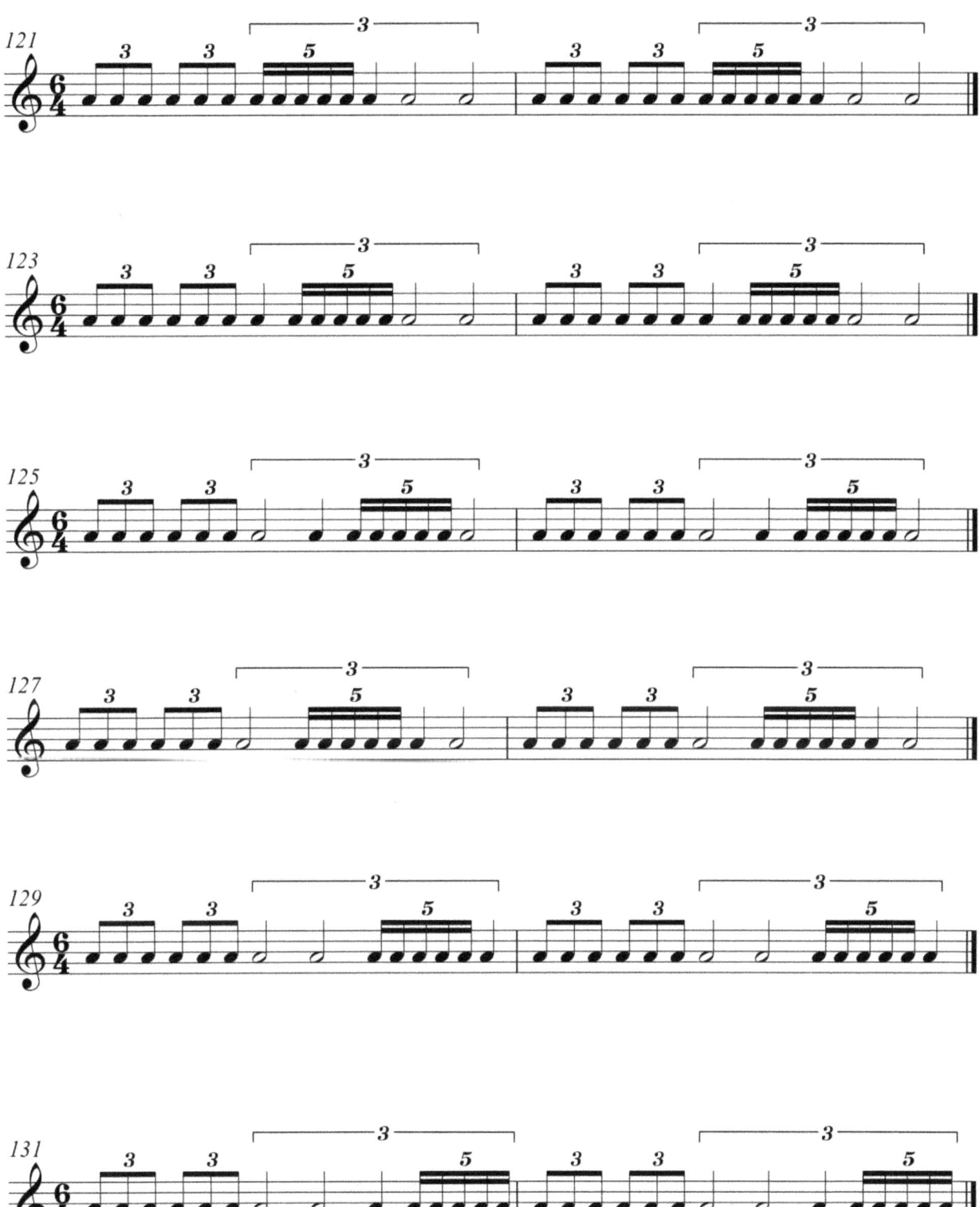

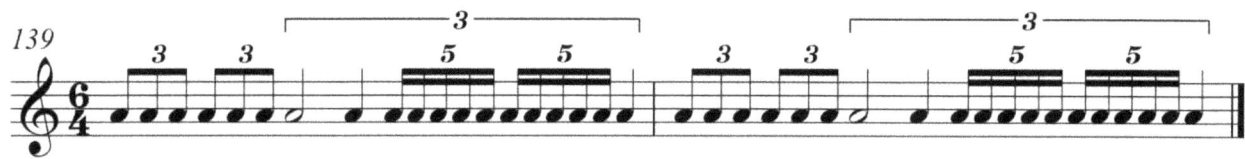
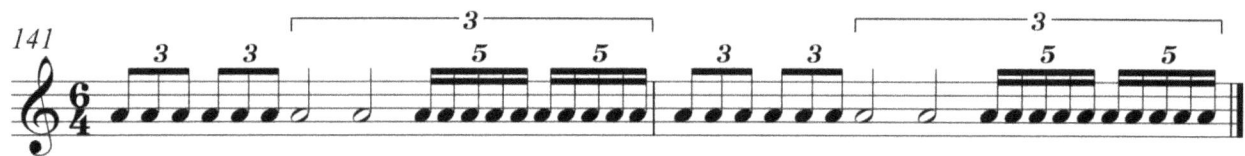
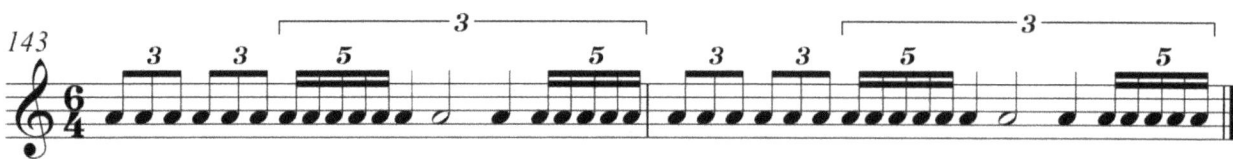

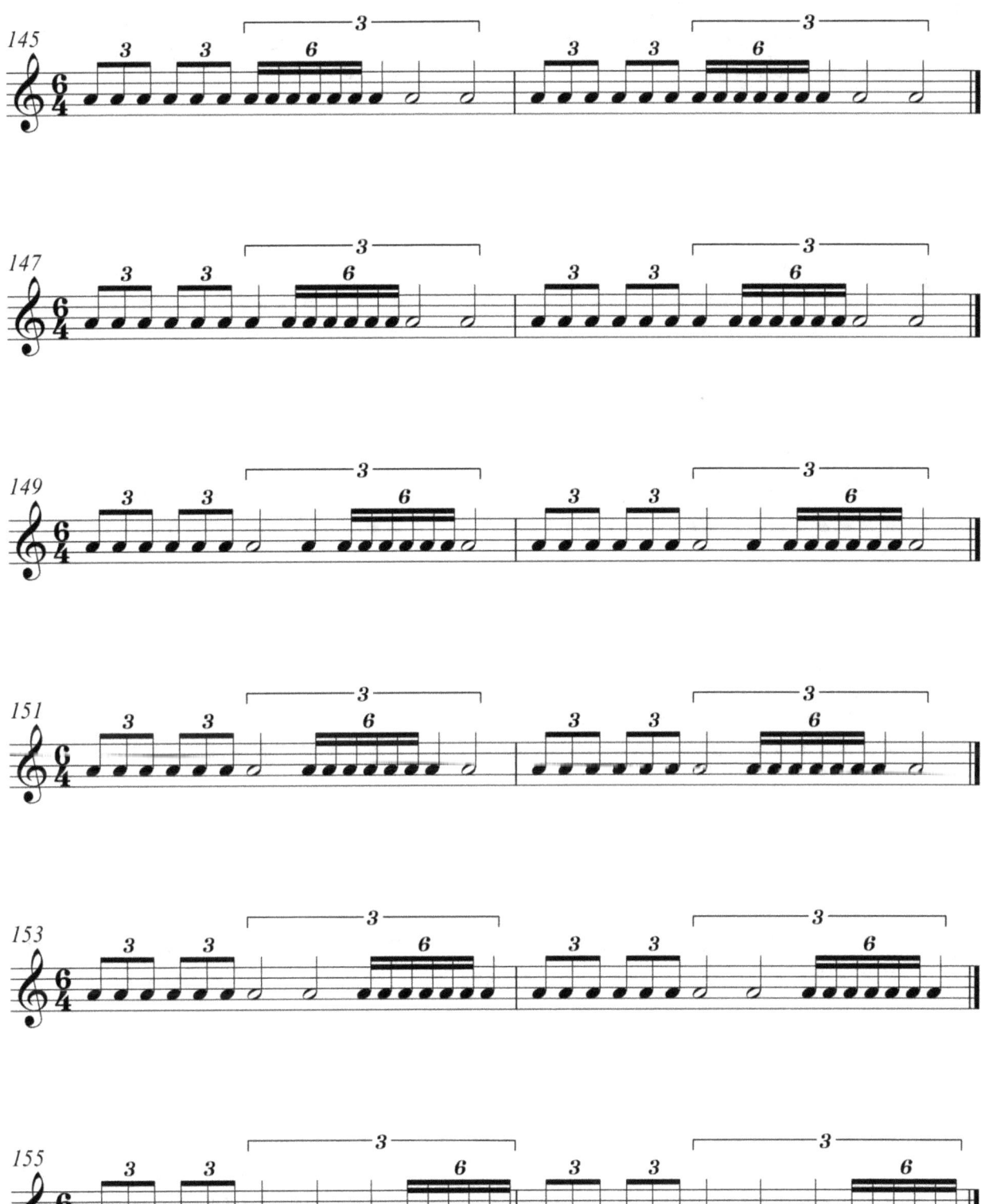

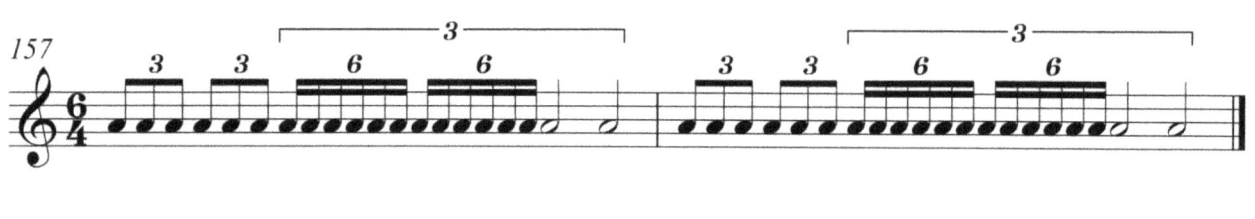

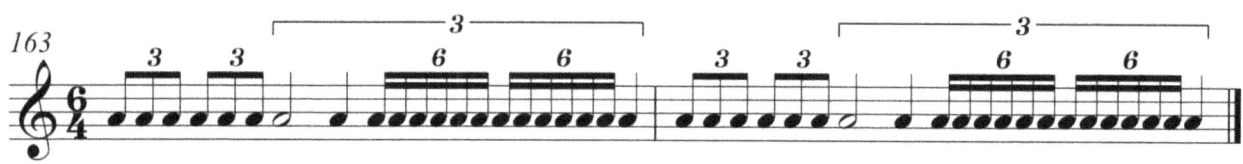
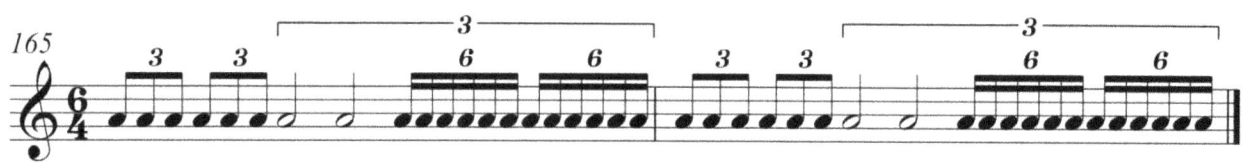
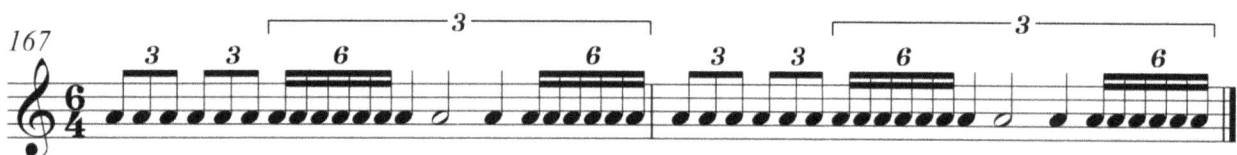

Poliritmos Dentro de Poliritmos

Jan Rivera

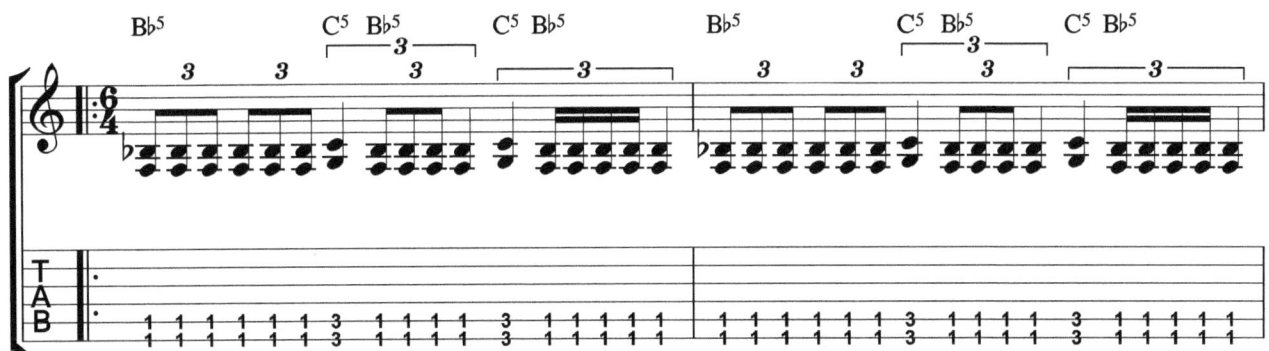

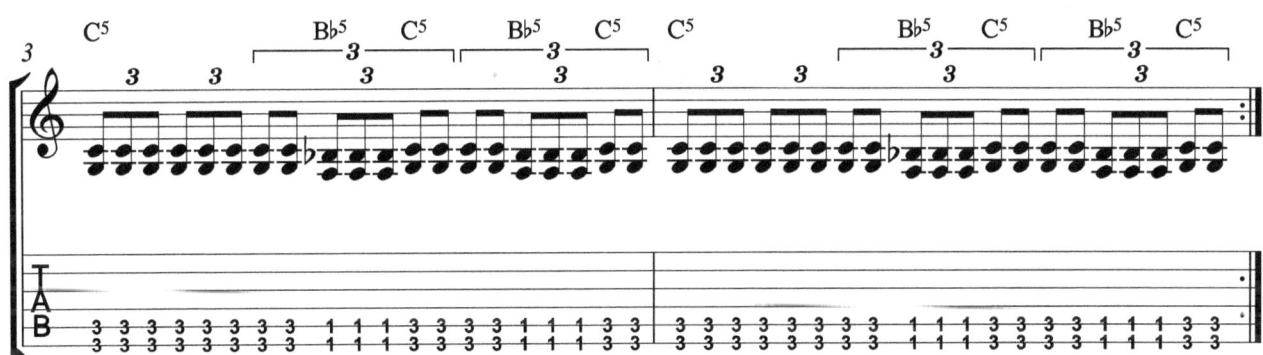

Sobre el Estudio a Seguir, (Todo Está en el Número 3)

Mientras estudiamos poliritmos de 3:7 en 7/4, llegamos a la conclusión de que cada uno de los ataques de este poliritmo tendría una duración de siete corcheas dentro de un tresillo de corchea:

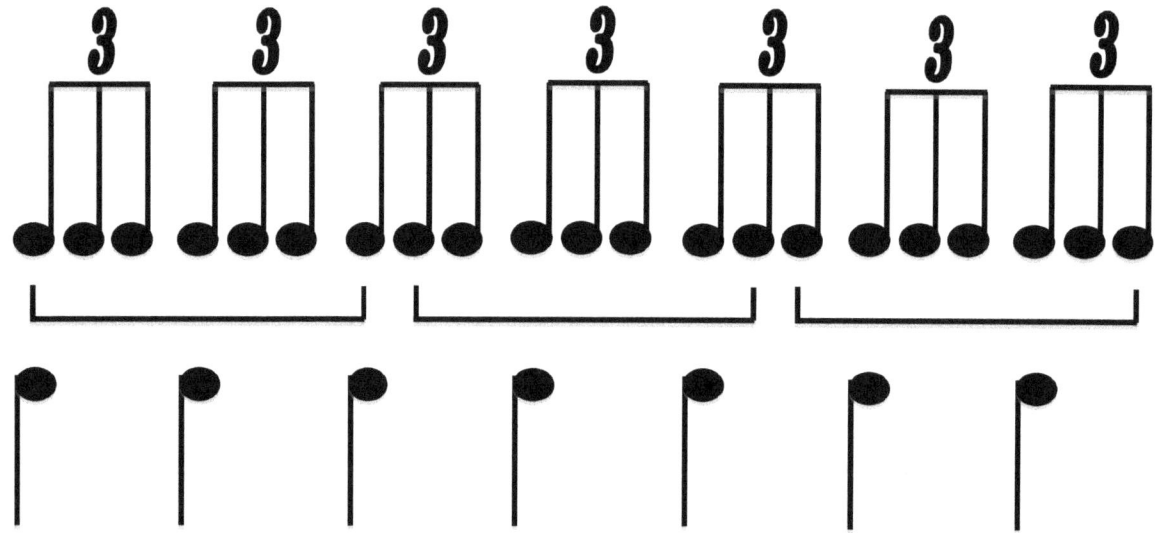

Utilizando éste mismo análisis, si dividimos una de las negras del poliritmo en un septecillo; cada una de las semicorcheas dentro del septecillo tendrían la misma duración que una corchea dentro de un tresillo de corchea. Las cajas de abajo demuestran duraciones/valores equitativos.

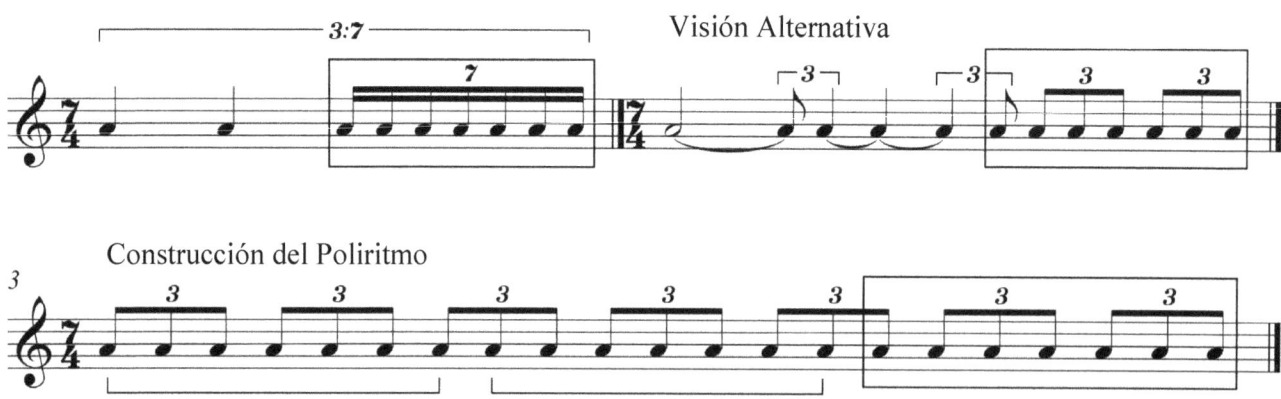

Página en blanco para facilitar la lectura de partituras.

A continuación, un desglose del comienzo y fin de cada una de las frases del ejercicio:

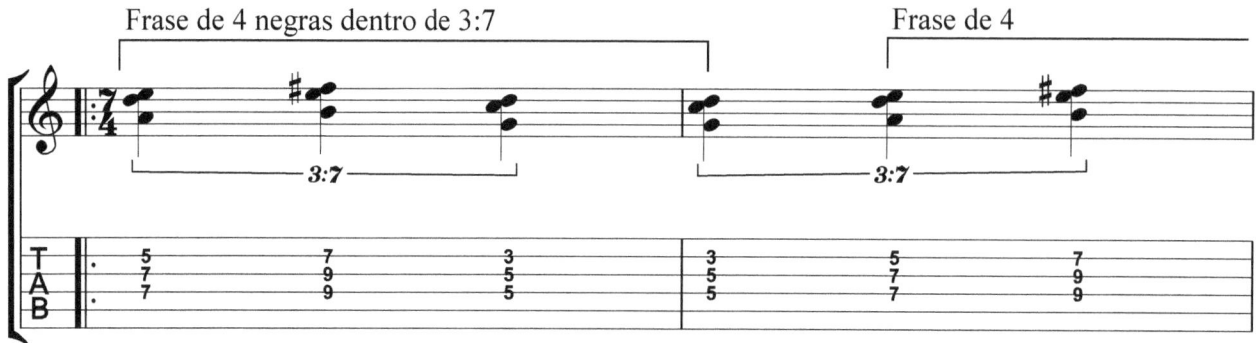

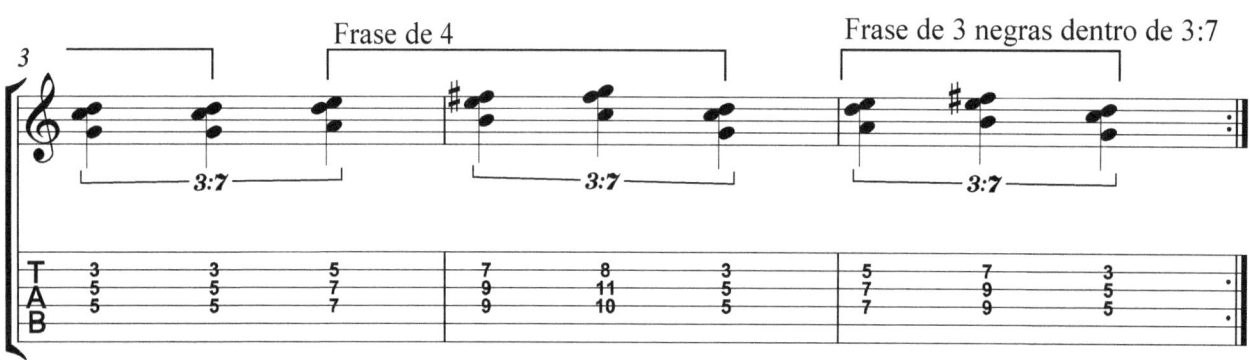

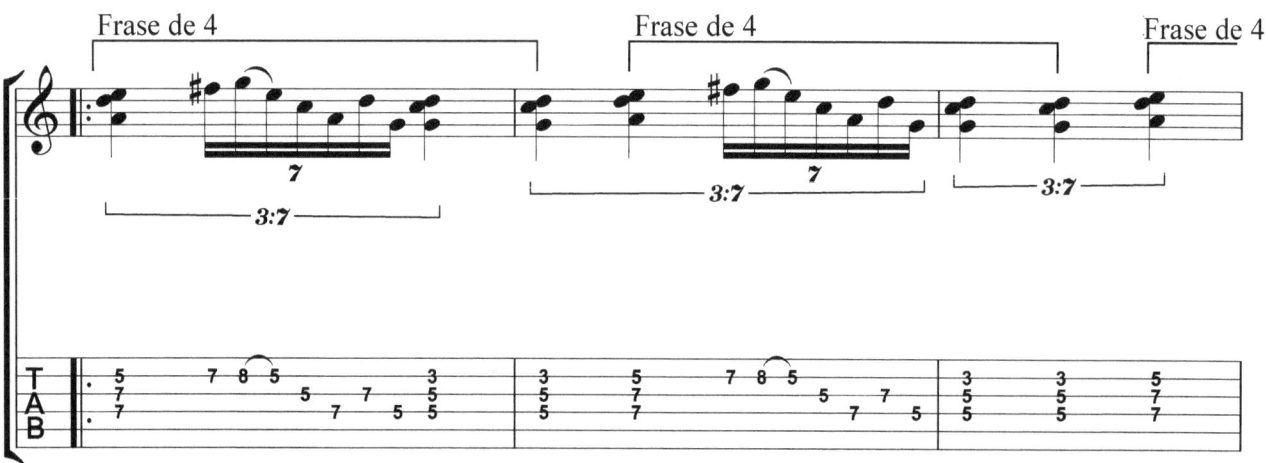

CONCEPTOS RÍTMICOS AVANZADOS PARA GUITARRA | 55

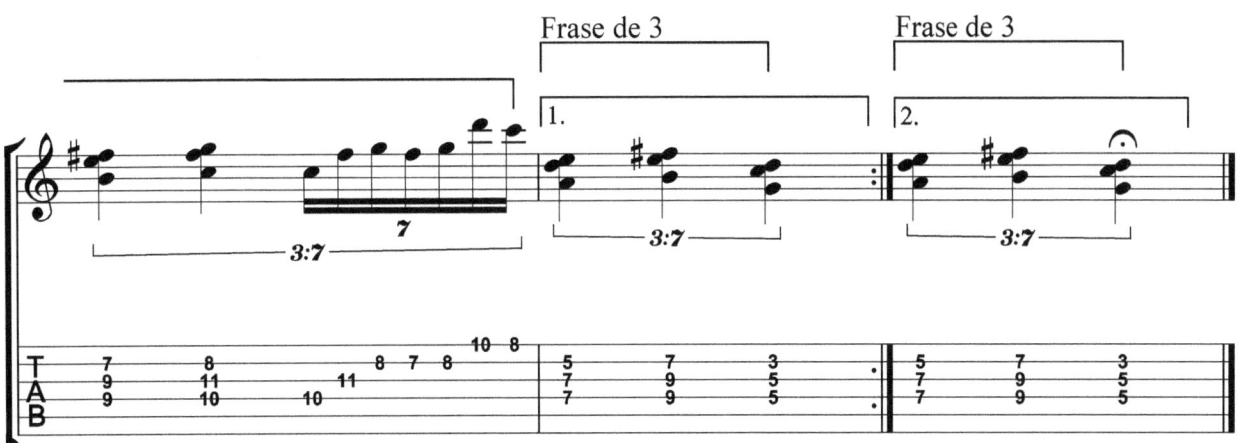

Todo Está en el Número 3

Jan Rivera

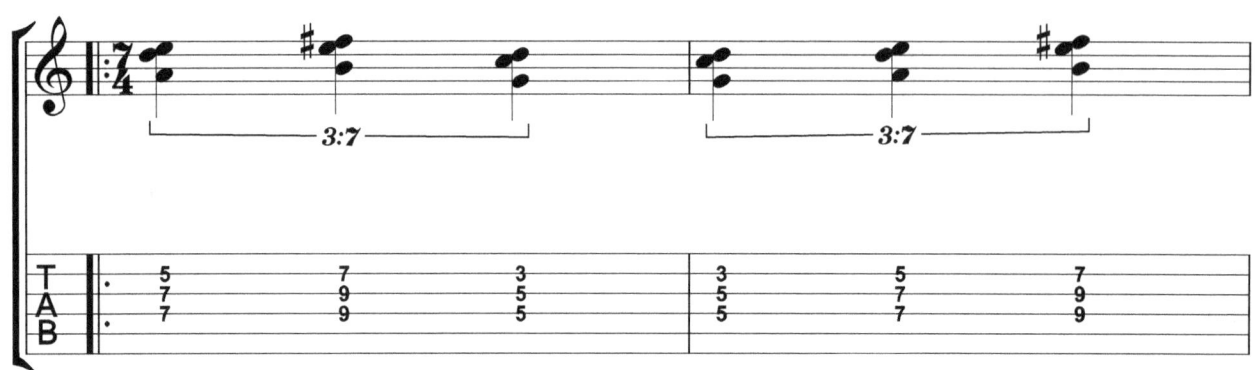

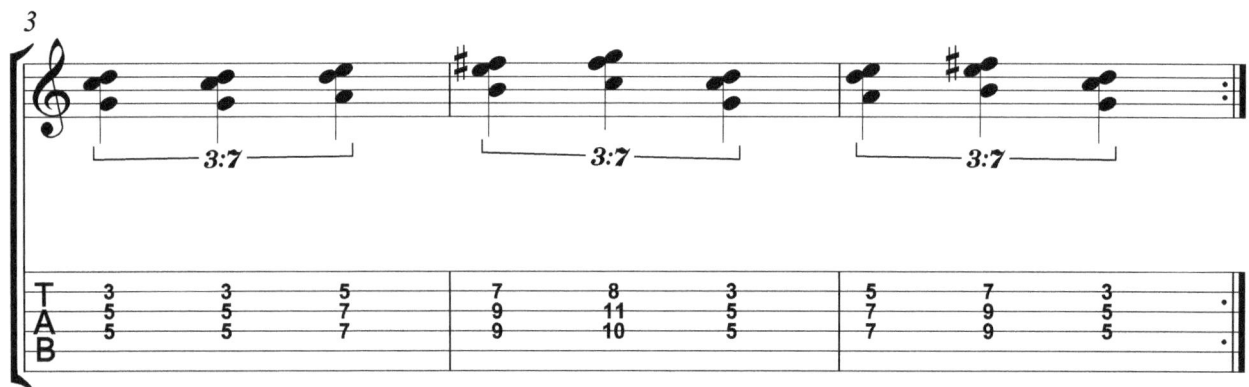

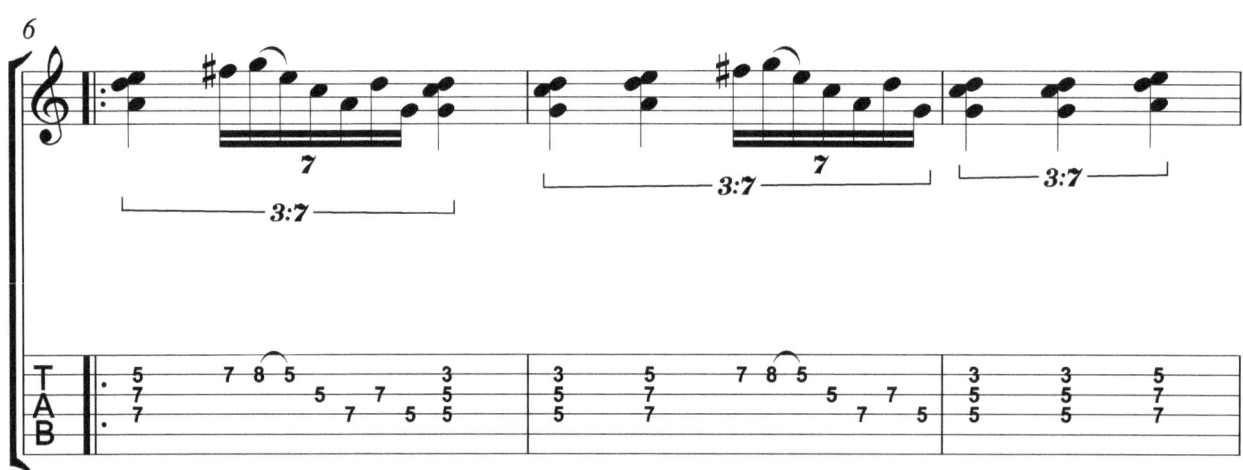

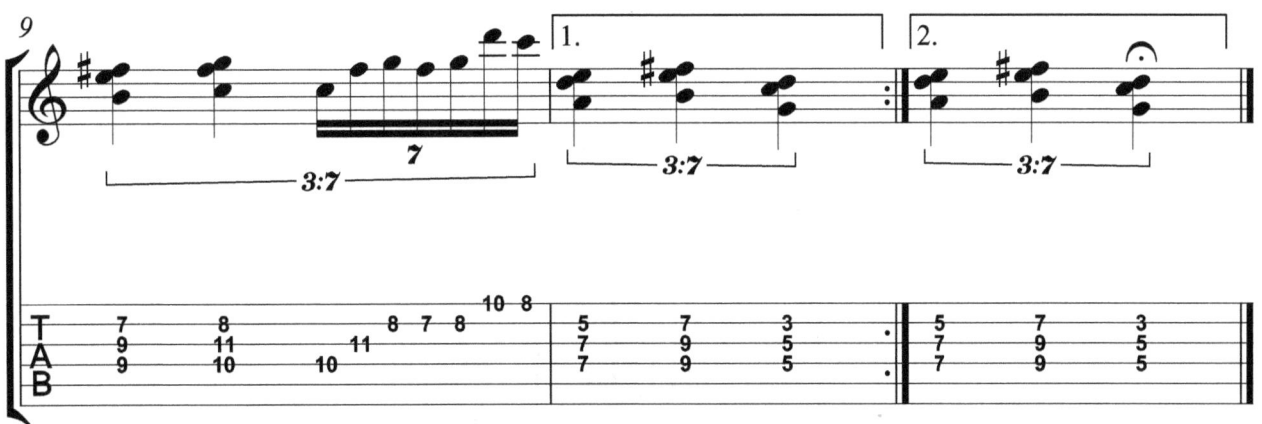

CAPÍTULO CUATRO

Polimétricas

Aunque a lo mejor sospeches algo distinto, la presencia de polimétricas en partituras publicadas no es un hecho reciente. Es tal el caso, que en 1978 Gardner Read sintío la necesidad de clarificar una declaración hecha por Curt Sachs en 1953; acerca de la presencia de una polimétrica implícita encontrada en una misa de Johan Sebastian Bach en Sí Menor. (La cual fue completada en 1749.) Aunque la polimétrica parece haber sido utilizada accidentalmente, su presencia no puede ser negada.

También debemos de tomar bajo consideración compositores que han utilizado polimétricas como una herramienta de forma deliberada, tales como George Crumb, Béla Bartók e Igor Stravinsky.

Sin embargo, debido al número de variaciones, cuando combinamos las polimétricas con otras herramientas composicionales, las mismas pueden ser innovadoras y refrescantes.

Vamos a ver lo que son los poliritmos, al igual que aprender algunos de sus usos...

Polimétricas

Cuando dos o más **métricas** independientes son ejecutadas simultáneamente, una polimétrica es creada.

Polimétricas Implícitas[22]

Así como lo sugiere su nombre, estas polimétricas son un poco más difícil de encontrar. Esto se debe a que las diferentes métricas no son escritas por separado.

Existen varias herramientas que podemos utilizar para crear polimétricas implícitas. Las próximas páginas te enseñaran cuales son estas herramientas y te proveerán una guía de cómo utilizarlas.

---

[22] En mi opinión, este es el término que mejor describe el concepto. Este término fue obtenido de Read 1978, p123

Acentuación de Notas para Crear Polimétricas Implícitas

La acentuación de ciertos grupos de notas es una de las herramientas que podemos utilizar para crear polimétricas. Veamos cómo se utiliza para expresar dos métricas dentro de un mismo compás:

Como puedes ver, las semicorcheas han sido acentuadas en grupos de 2+3 para crear un poliritmo de 5/16 sobre una base de 4/4. (Este ejemplo en particular nos demuestra 2 compases de 5/16.)

Nota: Es importante entender que estas acentuaciones deben de ser repetidas para que tengan la función de una segunda métrica. De no serlo, las mismas permanecerán clasificadas como acentos. **La intención se distingue de la casualidad por medio de la repetición.**

Página en blanco para facilitar la lectura de partituras.

Acentuación de Notas Para Crear Polímetricas Implícitas: Ejercicios de Práctica

Designemos una polimétrica de 5/16 sobre 7/4 como nuestra meta. Los próximos ejercicios nos ayudarán a ejecutar la totalidad de la polimétrica sin necesidad de otra persona.

Primer Ejercicio:

Paso 1: Practica semicorcheas constantes sobre un pulso.

Paso 2: Cuenta a voz alta acentuar patrones de 2+3.

Por ejemplo:

1-2, **1**-2-3 (Los números ennegrecidos y subrayados son acentos.)

Una vez puedas ejecutar esto fácilmente, practica golpear tu pierna derecha con tu mano derecha cada vez que la primera nota de cada compás de 5/16 suceda.

Por ejemplo:

R.H.[23]

1-2, 1-2-3 (Golpea tu pierna en el número subrayado y ennegrecido.)

Luego de que puedas hacerlo, continua al próximo ejercicio.

---

[23] R.H. = Mano derecha.

Segundo ejercicio:

Paso 1: Mantén un pulso de negra con tu pie izquierdo mientras cuentas del 1 al 7.

Paso 2: Golpea tu pierna izquierda con tu mano izquierda cada vea que la primera nota de cada compás de 7/4 suceda.

Por ejemplo:

L.H.[24]

1 - 2 - 3 - 4 - 5 - 6 - 7 (Golpea tu pierna en el número subrayado y ennegrecido.)

Tercer ejercicio:

Step 1: Ejecuta el segundo ejercicio.

Step 2: Añade el paso 1 del primer ejercicio. Una vez logres hacer esto, estarás ejecutando la polimétrica.

Step 3: Añade el paso 2 del primer ejercicio. Una vez añadas este paso, no solo estarás ejecutando la polimétrica, sino que **también estarás acentuando el primer pulso de cada una de las dos métricas.**

---

[24] L.H. = Mano izquierda.

El Uso de Ligaduras para Crear Polimétricas Implícitas

Otra forma de crear polimétricas implícitas es a través del uso de ligaduras.

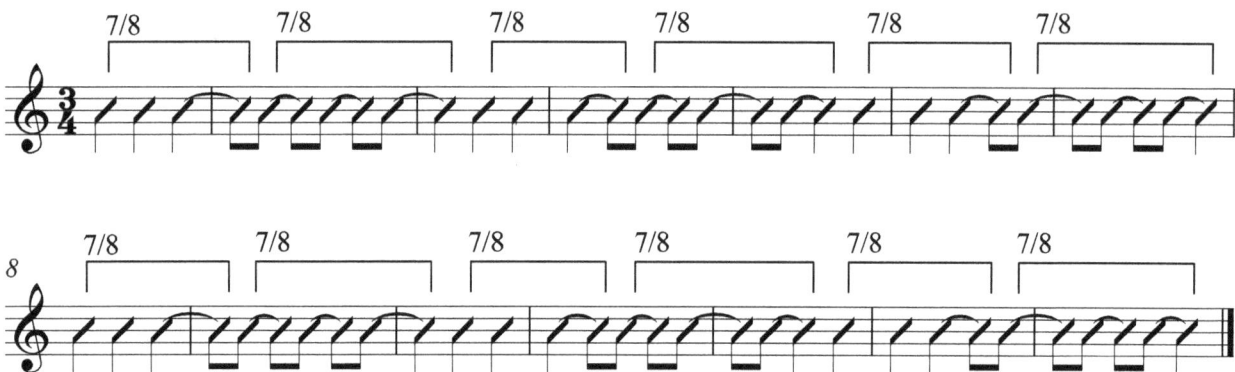

Como puedes ver en el ejemplo de arriba, los brackets/paréntesis cuadrados identifican un patrón rítmico que comienza cada siete (7) corcheas. Este patrón crea una polimétrica de 7/8 [25]. Como esta métrica de 7/8 esta superpuesta sobre una métrica de 3/4, la misma constituye una segunda métrica; creando una polimétrica que cubre la totalidad del ejemplo.

---

[25] Si analizas la métrica de 7/8 más de cerca, podrás ver que la misma está dividida de la siguiente forma: 2 corcheas, seguidas por 2 corcheas, seguidas por 3 corcheas.

Blues de 7/8 Sobre 3/4

(Ejemplo de polimétrica que no cabe dentro de una forma tradicional de 12 compases)

De primera impresión, parecería que la forma de 12 compases se rompió. Echa un vistazo a la cantidad de compases de 7/8. ¿Cuántos de ellos vez?

El Uso de Puntillos para Crear Polimétricas Implícitas

Ahora que hemos aprendido a utilizar ligaduras para crear polimétricas, añadamos otra herramienta a nuestro arsenal: los puntillos. El ejemplo a seguir nos demuestra lo útil que pueden ser los puntillos cuando queremos crear una polimétrica.

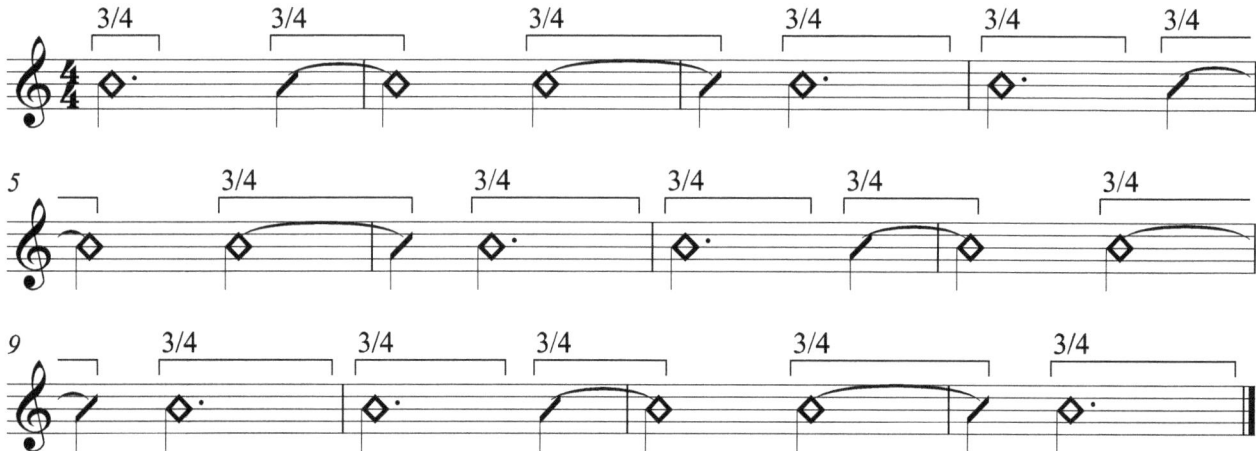

El ejemplo de arriba sobrepone una métrica de 3/4 sobre una de 4/4. El uso de puntillos forma parte del patrón rítmico de 3/4. Con la ayuda de los brackets/paréntesis cuadrados, puedes ver como la combinación de ligaduras y puntillos permiten que la segunda métrica sea posible.

Blues Polimétrico de 3/4 Sobre 4/4

(Ejemplo dentro de una forma de 12 compases.)

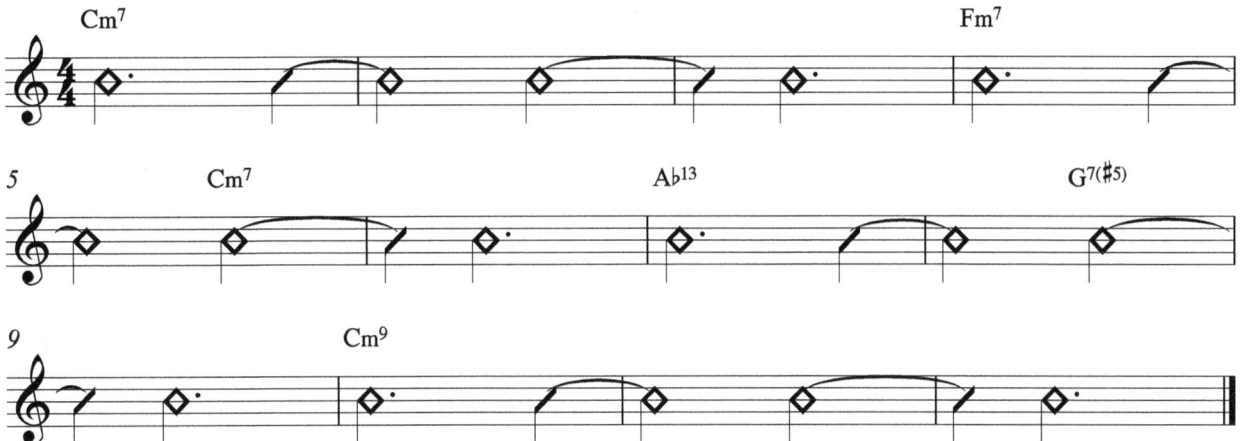

Notación de Corchete Irregular como Herramienta Para Identifiar la Presencia de una Polimétrica Implícita

Ejemplos de notación irregular de corchetes pueden ser encontrados en partituras de compositores como Ravel, Stravinsky, Bernstein y Schoenberg[26].

Examinemos uno de estos ejemplos:

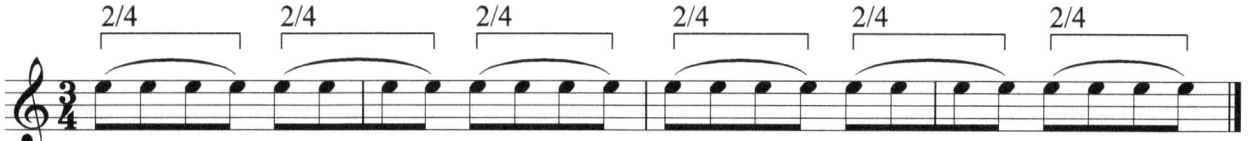

Luego de examinar el ejemplo superior un poco, notarás que los corchetes que unen a las corcheas se han dibujado por encima/a través de los compases. Los mismos crean un patrón de 4 corcheas. En adición, las ligaduras de expresión en las cabezas de las corcheas también marcan este patrón. Cuando unimos estos dos datos y consideramos el hecho de que las ligaduras de expresión tienden a ser un buen indicador de donde comienza y termina una frase, es mucho más fácil encontrar la polimérica.

Para saber que métrica está siendo superpuesta, simplemente tratamos cada ciclo o frase, (en este caso 4 corcheas), como la duración total de la polimétrica implícita. En este caso en específico, la métrica implícita es 2/4.

---

[26] Evidencia de esta afirmación puede ser encontrada en Read 1978, p.125-134.

Como Identificar una Polimétrica Implícita

Para identificar una polimétrica dentro de una composición, debemos de empezar por buscar un patrón rítmico constante. Este patrón podría combinar todas las herramientas que hemos aprendido en combinación, al igual que utilizarlas por separado.

(Sugerencia: Un buen lugar para empezar a buscar lo es el motivo melódico de la pieza o canción.)

Así como harías con cualquier métrica impar, intenta de identificar las agrupaciones rítmicas que componen la métrica escondida que está siendo sobrepuesta sobre la métrica escrita/identificada en la partitura.

Ahora que hemos aprendido acerca de estas herramientas, utilicemos las próximas páginas para estudiar algunas partituras que las ponen en práctica.

Polirock

Jan Rivera

Polimétrica de 5/16 sobre 4/4

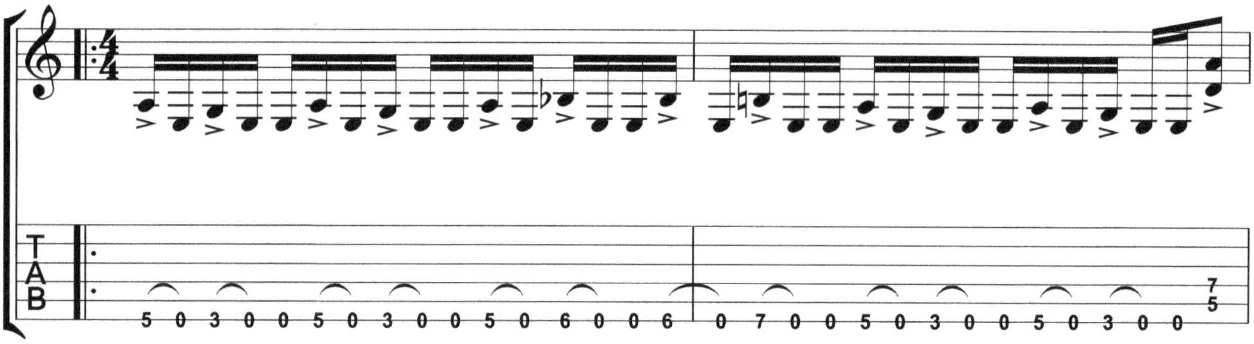

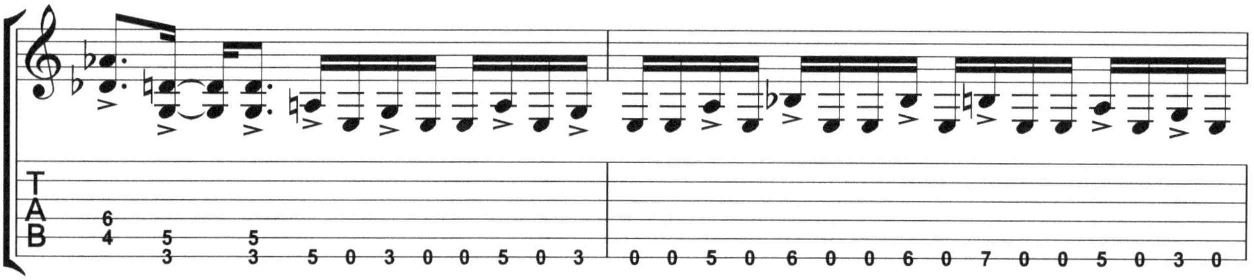

Polimétrica de 7/16 sobre 4/4

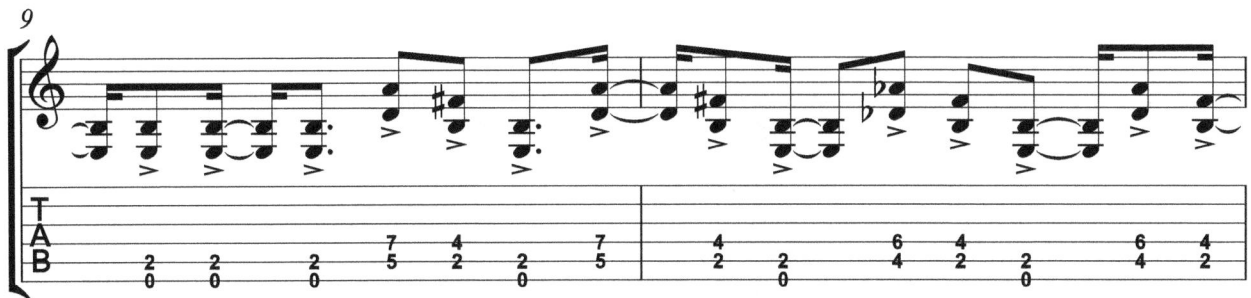

D.C. al Fine

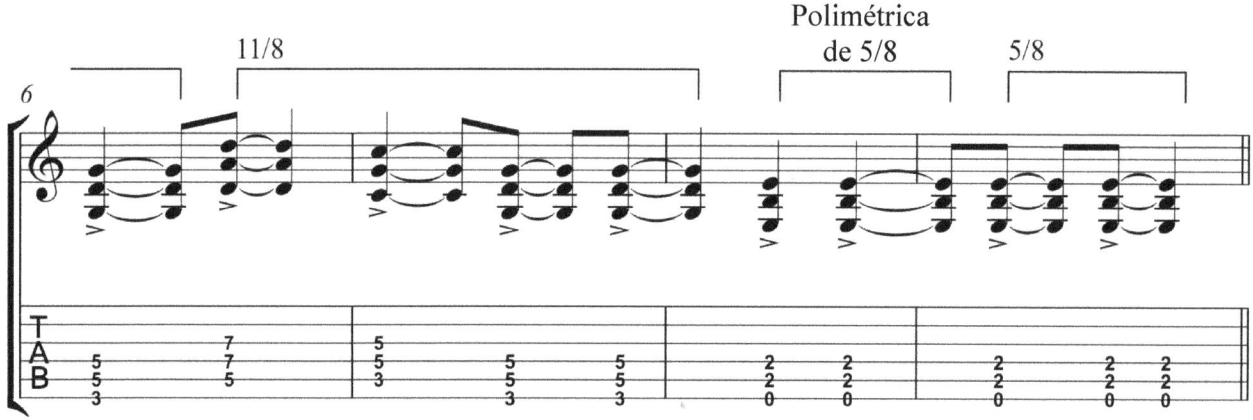
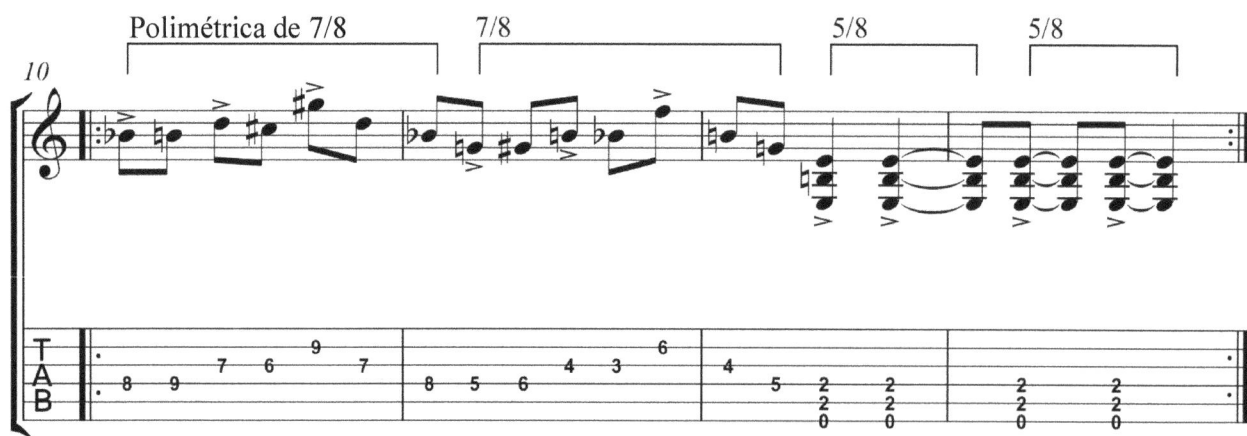

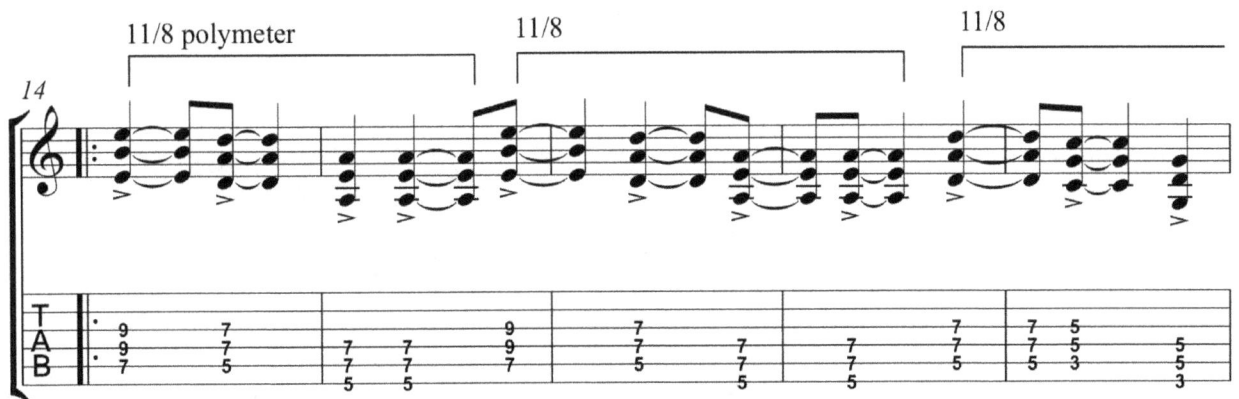
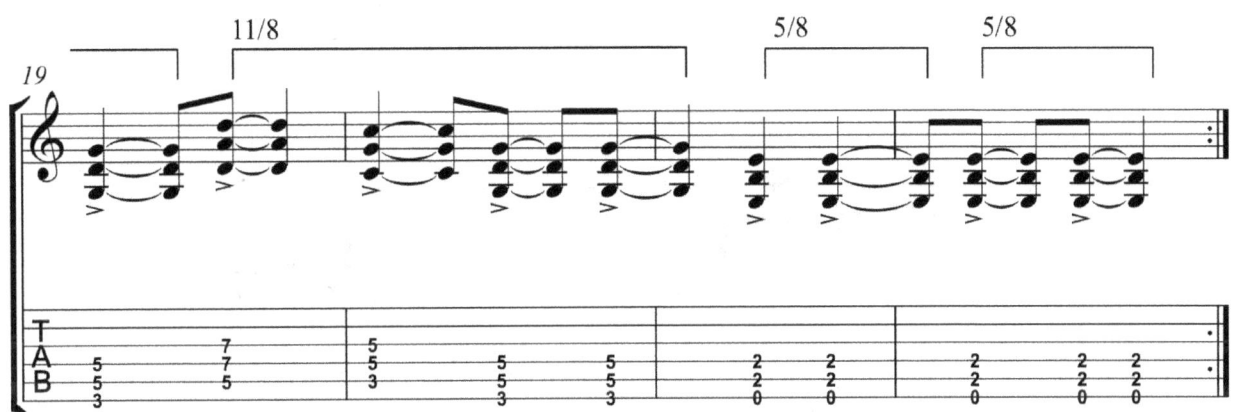

Multipoli

Jan Rivera

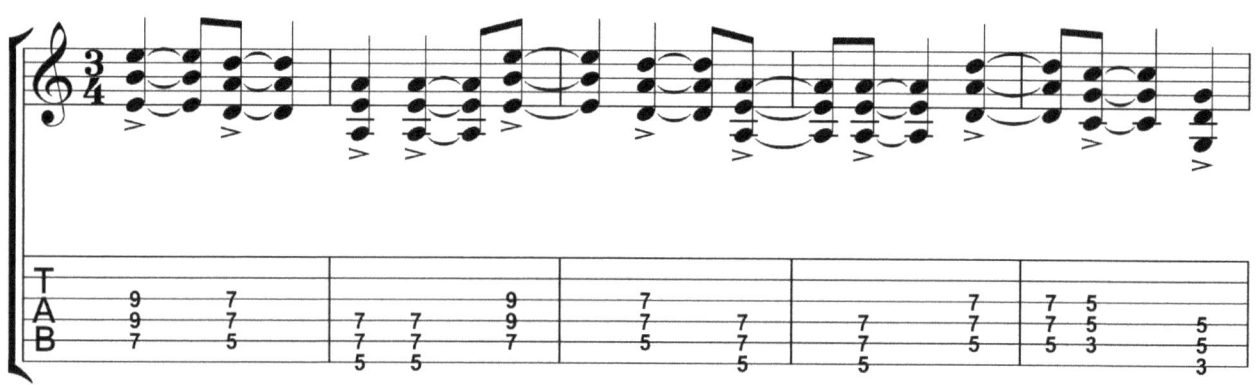

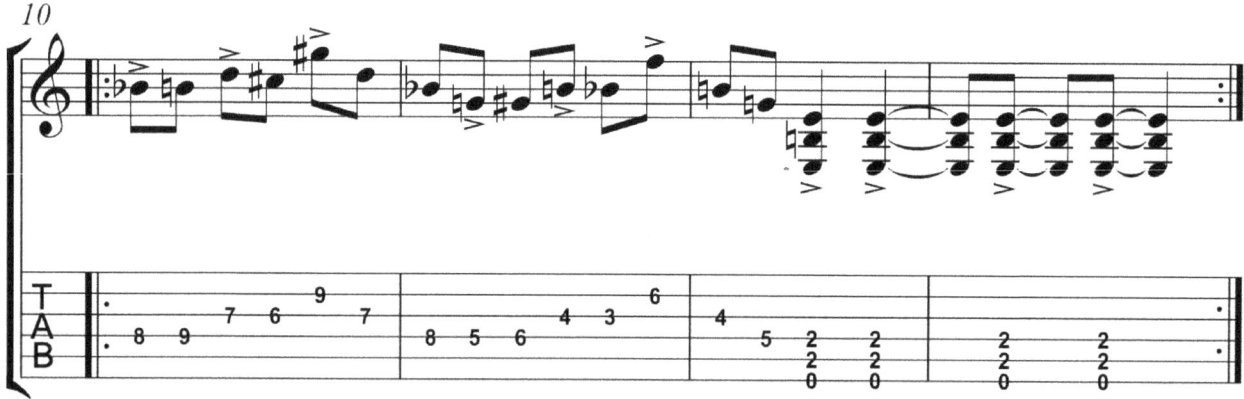

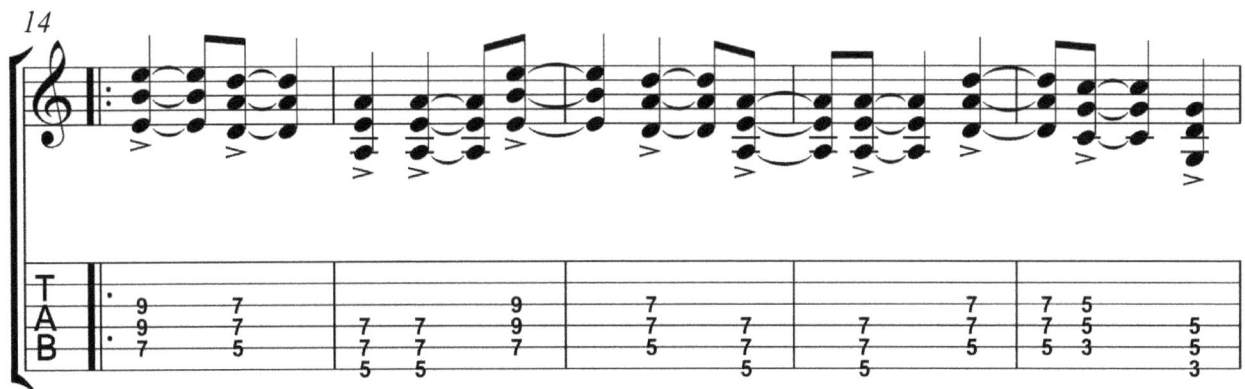

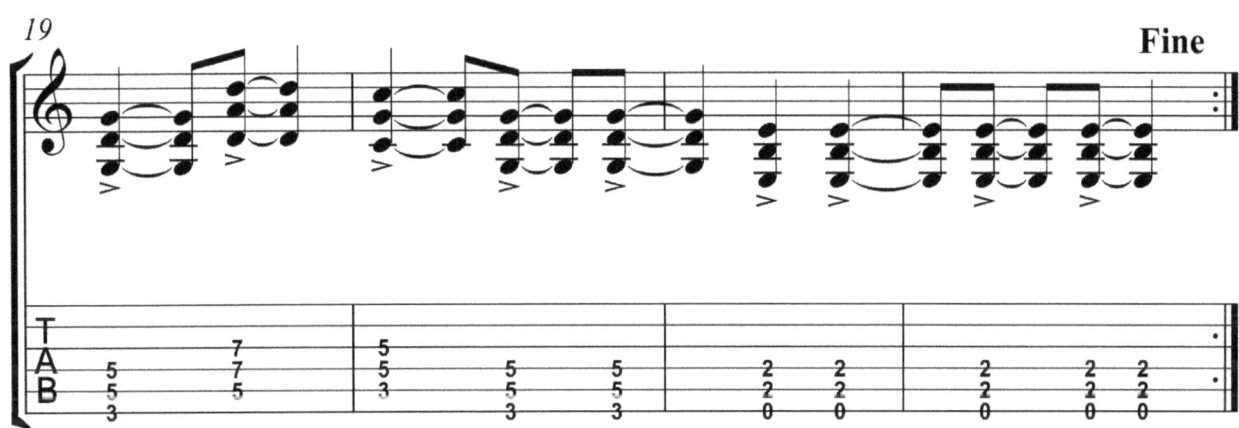

Polimétricas Explícitas[27]

Las polimétricas explícitas son las más fáciles de identificar dentro de una partitura. Esto es debido a que ambas métricas son escritas por separado en la notación. A seguir podemos ver un ejemplo de una polimétrica explícita compuesta por una métrica de 5/8 y otra de 4/4:

Es fácil notar la diferencia con solo mirar el ejemplo superior. En este caso, una guitarra ejecutaría en una métrica de 5/8 y la otra una de 4/4. Si este sistema fuse ejecutado continuamente, ambas guitarras se encontrarían en el primer ataque del primer compás.

---

[27] En mi opinión, este es el término que mejor describe el concepto. Este término fue obtenido de Read 1978, p138.

Página en blanco para facilitar la lectura de partituras.

CAPÍTULO CINCO

Acompañamiento e Improvisación Polimétrica

Ya que hemos discutido un poco el tema de un blues polimétrico, pensé que sería pertinente mencionar algunas de las posibilidades dentro del acompañamiento y la improvisación polimétrica.

Durante la Improvisación:

1. El ejecutante puede improvisar rítmicamente en una segunda métrica mientras sigue los cambios en harmonía de la métrica original.

2. El ejecutante puede incluir anticipaciones melódicas[28], (algo que es práctica común en el jazz), a la misma vez que pone en práctica el punto discutido anteriormente.

---

[28] Anticipación melódica = la práctica de introducir contenido melódico pertinente a un nuevo acorde en la progresión una corchea o semicorchea antes de que el nuevo acorde sea ejecutado.

Durante el Acompañamiento:

1. El ejecutante puede acompañar rítmicamente en una segunda métrica mientras mantiene los cambios en harmonía de la métrica original.

2. El ejecutante puede incluir anticipaciones harmónicas[29], (algo que es práctica común en el jazz), a la misma vez que pone en práctica el punto discutido anteriormente.

Recuerda introducir variaciones rítmicas durante la improvisación o acompañamiento. No hacerlo sería el equitativo de tocar blancas indefinidamente...

---

[29] Anticipación melódica = la práctica de introducir contenido melódico pertinente a un nuevo acorde en la progresión una corchea o semicorchea antes de la posición donde este nuevo acorde sería ejecutado.

Ejemplo de Improvisación Polimétrica

Veamos algunos ejemplos de los escenarios presentados en la página previa. El primero de estos sería el punto #1 de la sección titulada "Durante la Improvisación".

Empecemos eligiendo una polimétrica. En este caso ejecutaremos una polimétrica de 6/8 sobre 4/4 dentro de una forma de blues de 12 compases.

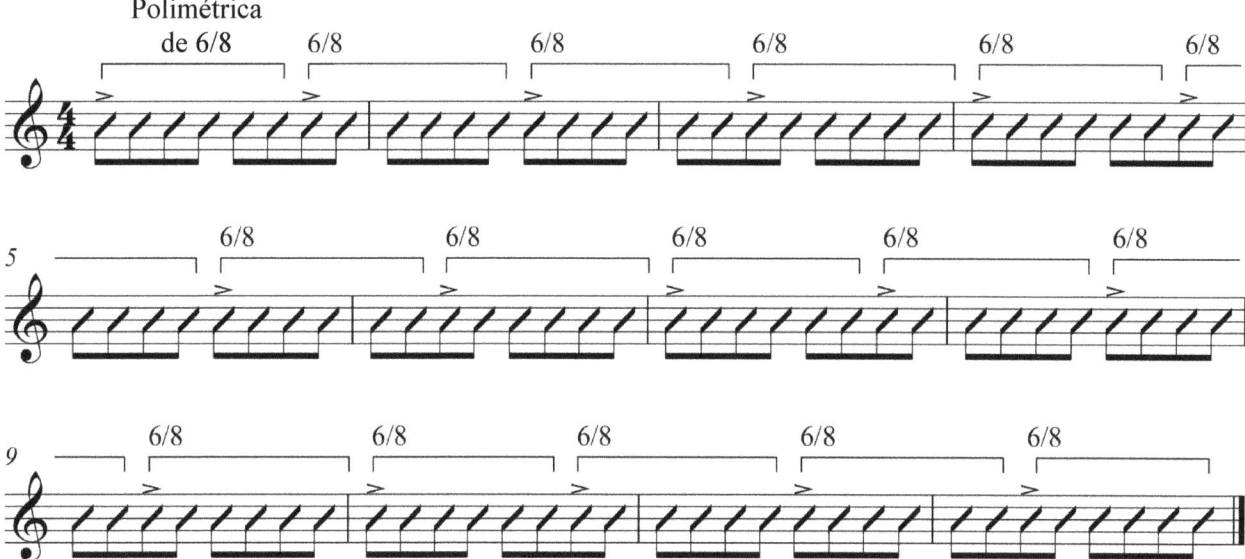

Nuestro próximo paso sería añadir los acordes de una forma de blues de 12 compases...

Para este ejemplo utilizaremos un minor blues en Cm/Do menor.

Blues Polimétrico

(Punto #1 de la sección titulada "Durante la Improvisación")

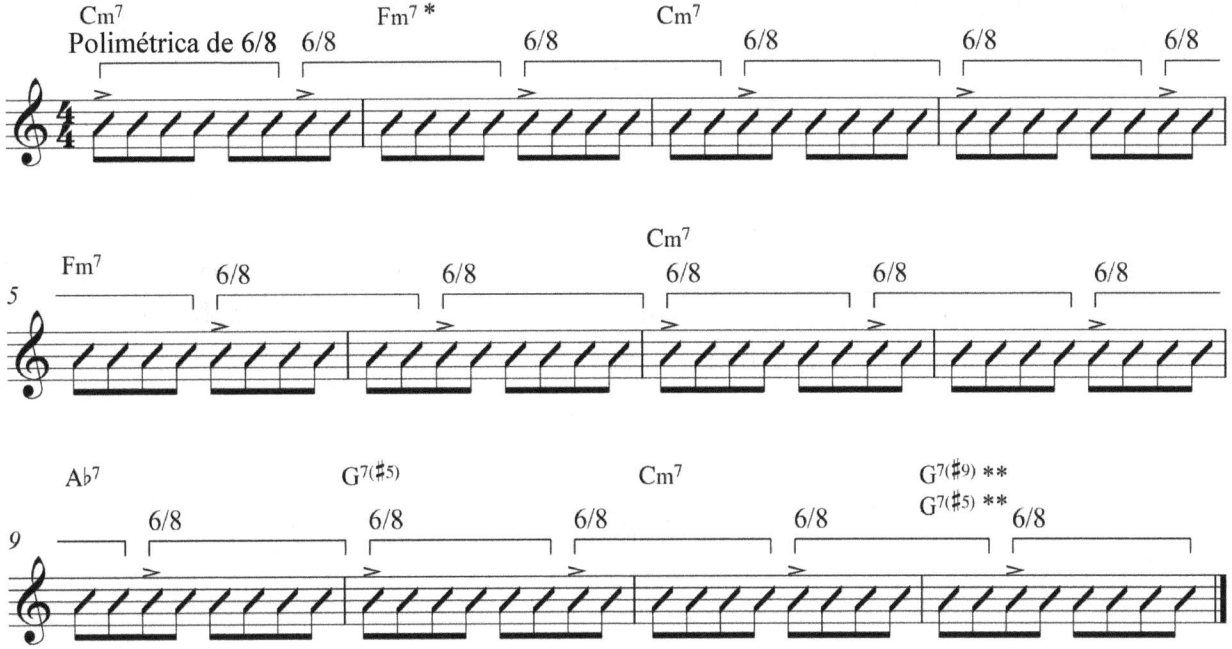

* = Acorde de "cambio rápido". Este acorde es opcional.
** = Acorde opcional. También se podría utilizar un Cm7 aquí.

En este caso, los acentos y brackets/paréntesis cuadrados identifican las agrupaciones rítmicas que componen la segunda métrica. El ejecutante toca los acentos escritos, mientras simultáneamente cambia el contenido harmónico cada vez que un acorde es ejecutado por la persona que este acompañando. En otras palabras, el improvisador tocará notas que correspondan a los cambios de acordes mientras mantiene los acentos rítmicos escritos.

Para anticipaciones, (el punto #2 de la sección titulada "Durante la Improvisación"), las reglas permanecerán siendo las mismas…

Como Practicar la Improvisación Polimétrica

Una buena forma de practicar esta destreza es aislar la segunda métrica, (aquella que utilizarás para improvisar), por medio de la creación de una guía. Escribamos una guía para el ejemplo de blues con improvisación polimétrica que discutimos anteriormente:

Step 1: Como crear el esqueleto de la guía:

Doce (12) compases de 4/4 contienen 96 corcheas. Cuando agrupamos las mismas en compases de 6, terminamos con 16 compases de 6/8. Luego de haber escrito los compases, escribe un acento en la primera nota de cada compás.

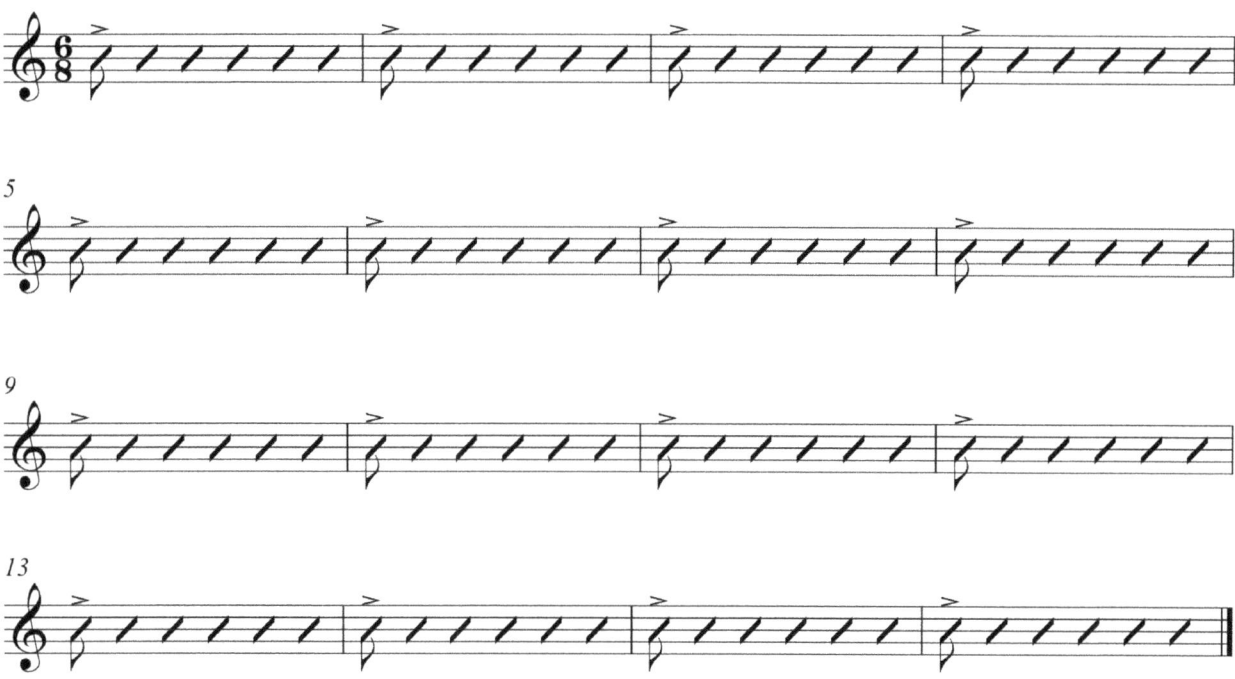

Paso 2: Añadir los acordes

Procede a añadir los acordes de la forma original (en este caso un minor blues de 12 compases en 4/4), al esqueleto que has creado. Recuerda que cada compás de 4/4 tendrá 8 corcheas y cerciórate de que cada acorde esté en la posición correcta. (Si prestas atención, notarás que cada bracket/paréntesis cuadrado representa la duración de cada acorde.)

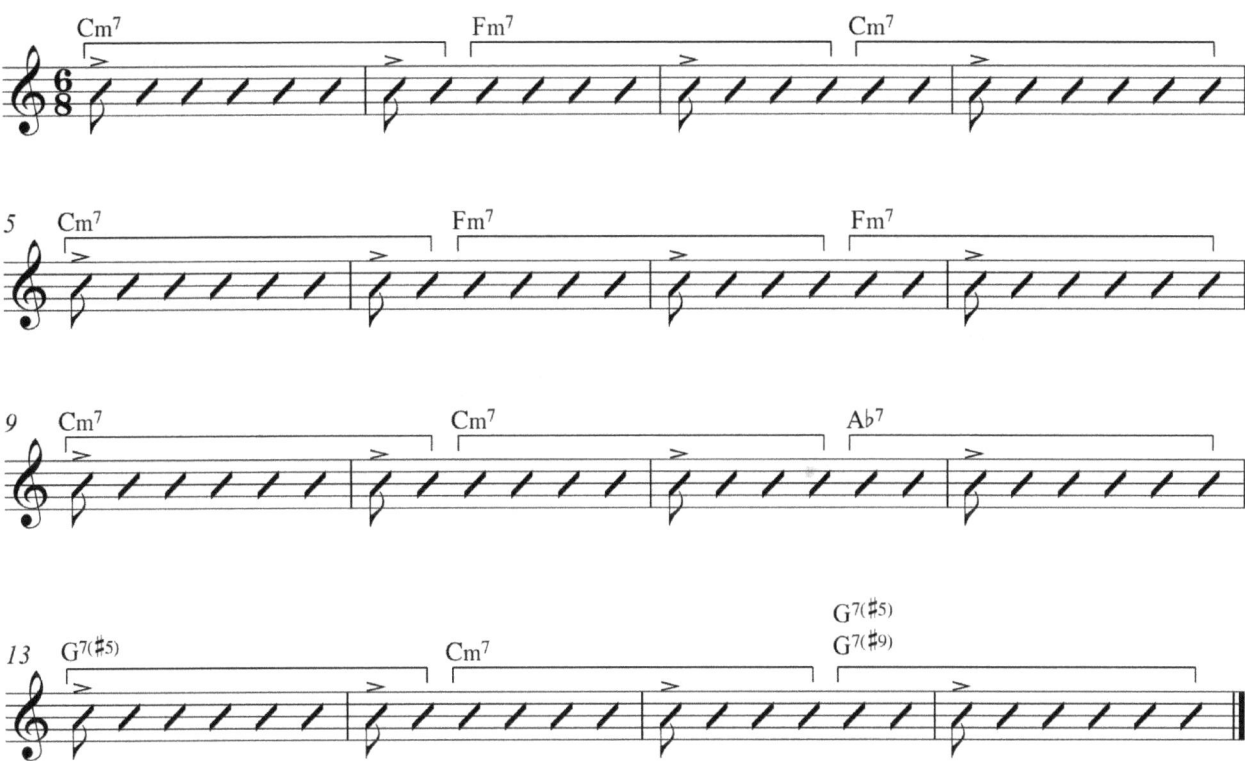

Una vez halas terminado, elimina los brackets/paréntesis cuadrados. Hacerlo revelará la guía final de un minor blues con polimétrica implícita de 6/8 sobre 4/4. En la próxima página podrás ver como luce el resultado final...

Forma de Blues Polimétrica

(Minor Blues de 6/8 sobre 4/4)

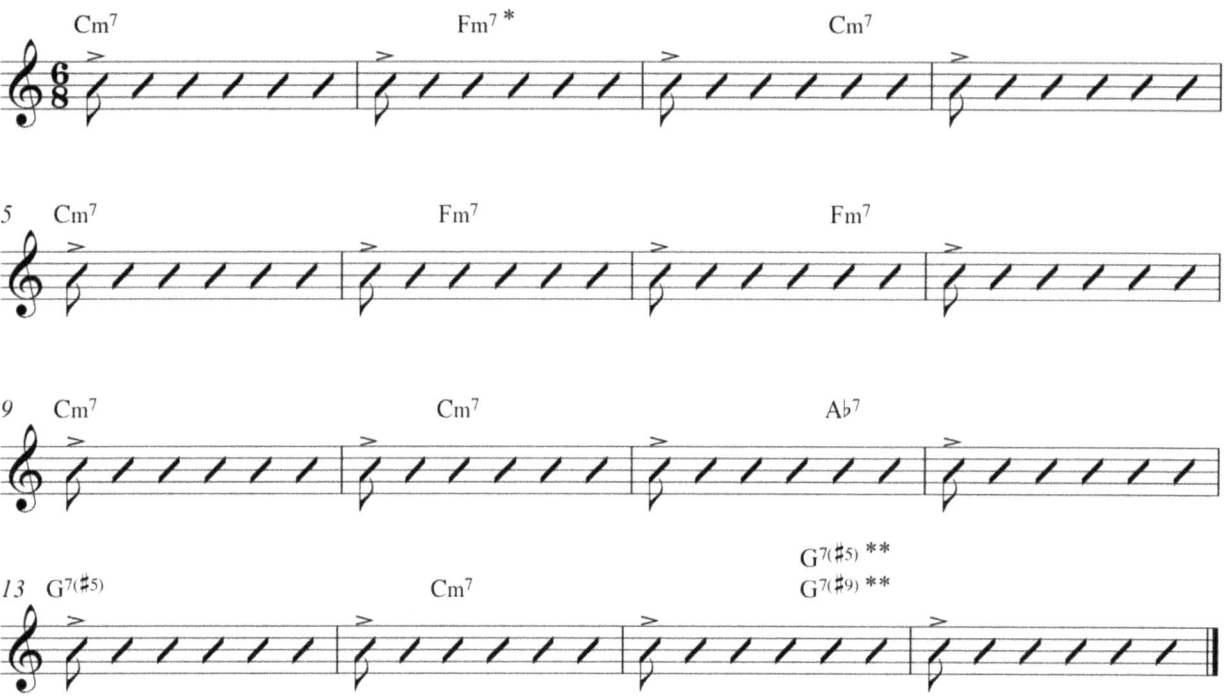

* = Acorde de "cambio rápido". Este acorde es opcional.
** = Acorde opcional. También se podría utilizar un Cm7 aquí.

Acentuar Micro Pulsaciones, Macro Pulsaciones y Subdivisiones de Métricas Superpuestas

Es cierto que podrías llenar los espacios vacíos en la página anterior con corcheas que correspondan con los cambios de acordes de los 12 compases de 4/4 y considerar tu guía terminada. Sin embargo, vamos a discutir una posibilidad más antes de terminar nuestra guía.

Cuando sobreponemos una métrica sobre una segunda métrica, podemos elegir acentuar una de las siguientes opciones:

1. La macro pulsación de la métrica. (i.e. cada corchea con puntillo en un compás de 6/8)
2. La micro pulsación de la métrica. En este caso por medio de acentuar la primera micro pulsación de la métrica. (i.e. la primera corchea de cada compás de 6/8.)
3. La subdivisión de una métrica. (i.e. 2+2+3 en un compás de 7/8 ó 3+2 en un compás de 5/8)

El hecho de que estés utilizando una métrica sobrepuesta en tu improvisación no significa que dejarías de utilizar ninguna de las opciones en la lista superior. Si la métrica sobrepuesta fuse la única métrica presente utilizarías estas opciones sin titubear. ¿Por qué pararías de hacerlo ahora?

Para propósitos de nuestra guía, acentuaremos las macro pulsaciones de la métrica de 6/8 que queremos sobreponer sobre la métrica de 4/4 con la que empezamos. Esto significa que habrá un acento en cada corchea con puntillo. (Es decir, cada 3 corcheas.)

En la próxima página encontrarás la guía completada para 6/8. Recuerda que la forma original de 4/4 puede ser encontrada en la página 80.

Ejemplo de Guía de Improvisation de Blues Polimétrico

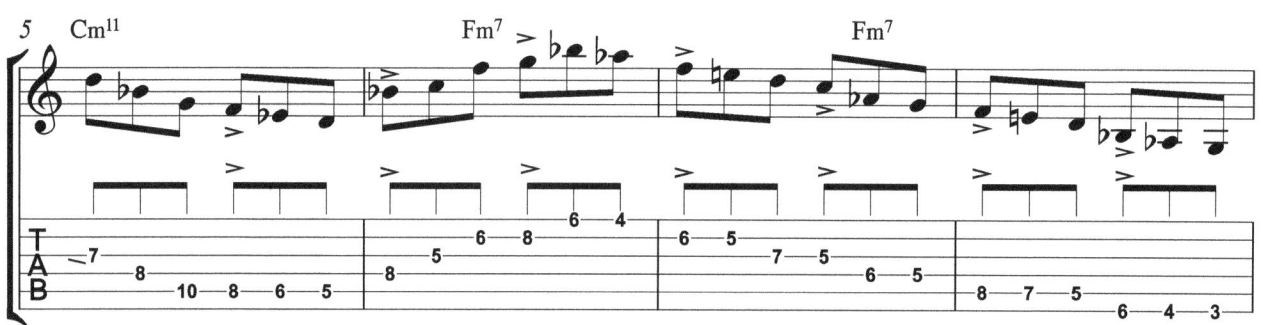

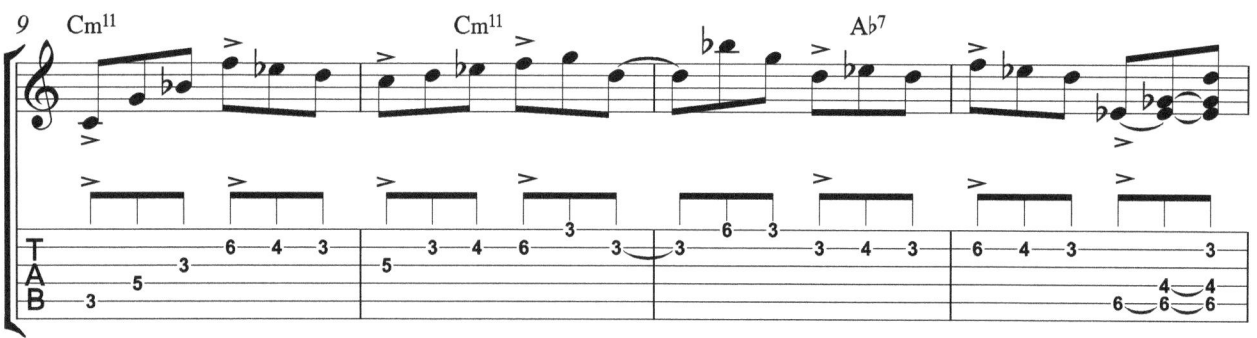

Nota: Las alteraciones hacen alusión a los modos o escalas utilizadas.
* = La última nota es una anticipación del acorde Cm11 encontrado en el primer compás.

Ejemplo de Acompañamiento Polimétrico

Ejecutar un acompañamiento polimétrico requiere de menos preparación para crear una guía. Para concentrarnos mejor en el concepto, volveremos a utilizar el mismo ejemplo que hemos utilizado hasta este momento. (El blues polimétrico de 6/8 sobre 4/4 con una forma de 12 compases.)

Simplemente crea la polimétrica colocando los acentos rítmicos y deja los acordes justo y como estaban en la partitura original.

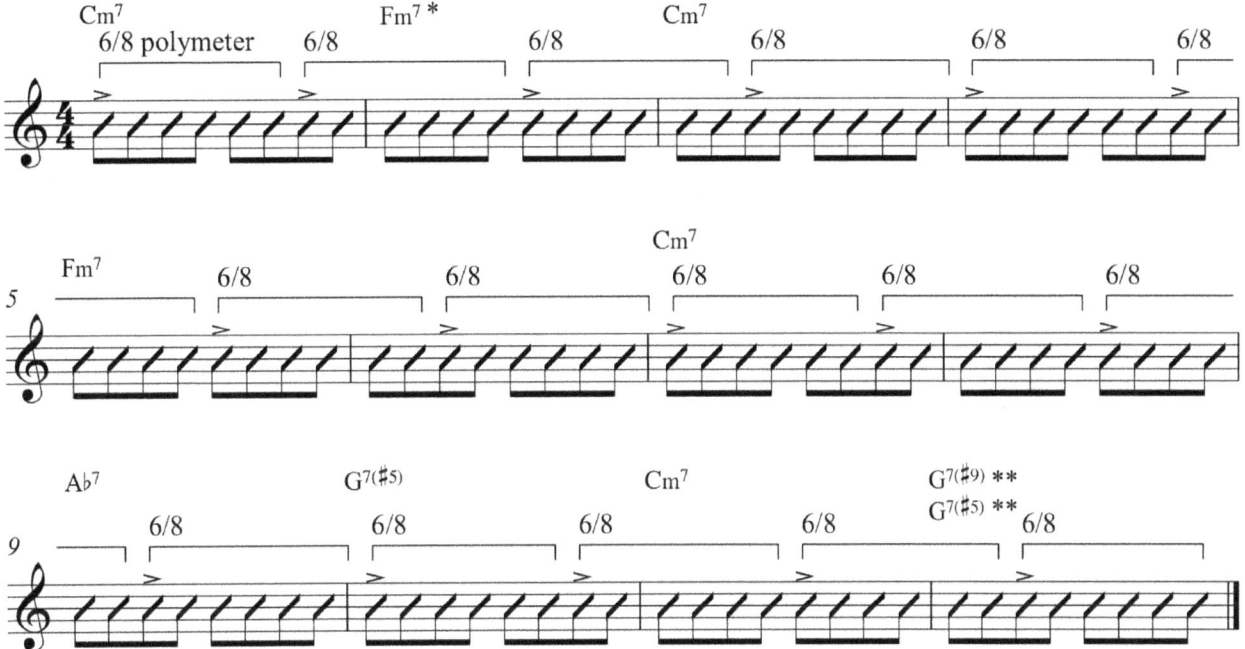

* = Acorde de "cambio rápido". Este acorde es opcional.
** = Acorde opcional. También se podría utilizar un Cm7 aquí.

Todo lo que tienes que hacer ahora es remover los brackets/paréntesis cuadrados…

Blues Polimétrico

(Punto #1 de la sección titulada "Durante el Acompañamiento")

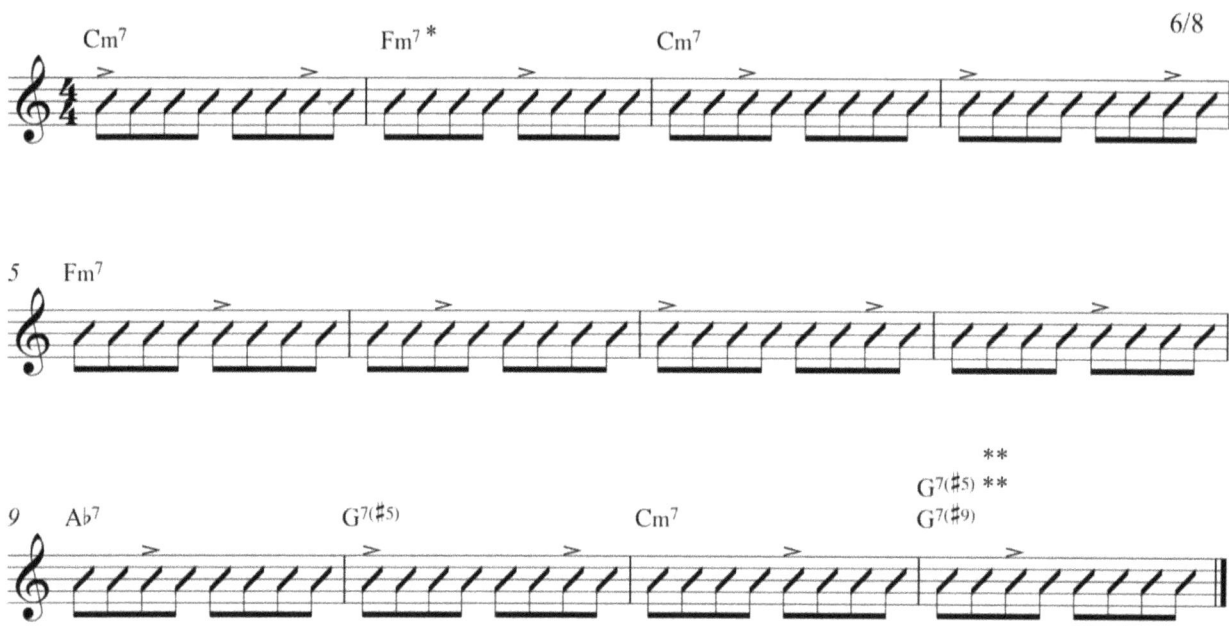

* = Acorde de "cambio rápido". Este acorde es opcional.
** = Acorde opcional. También se podría utilizar un Cm7 aquí.

Para anticipaciones, (el punto #2 de la sección titulada "Durante el Acompañamiento"), las reglas permanecerán siendo las mismas...

Acerca de la Práctica (ADTR)

Cuando se encuentran con un problema al practicar, a menudo les menciono a mis estudiantes que recuerden el acrónimo **A.D.T.R.** Las siglas significan lo siguiente: **A**islamiento, **D**ominio, **T**ransición y **R**epetición.

Aislamiento: Separa el área e identifícala como un área problemática. Esta podría consistir de un concepto musical, un compás de música, etc.

Dominio: Trabaja en el problema hasta que lo domines.

Transición: Todos los conceptos musicales se utilizan en combinación con otros conceptos musicales. Una vez hayas dominado el área problemática:

1. Practica hacer transiciones hacia el área problemática.
2. Practica hacer transiciones fuera del área problemática.
3. Practica hacer transiciones hacia el área problemática y fuera del área problemática.

Repetición: cuando un nuevo problema surja, cuantas veces sea necesario.

Puedes aplicar **A.D.T.R.** a otros conceptos musicales no presentados en este libro. Utilízalo en cualquier sitio que sea útil durante tu práctica diaria.

Unas Últimas Palabras para El Lector Dedicado

Ahora que has aprendido como construir estos conceptos, intenta emplearlos en una gama variada de situaciones musicales. Escribir canciones con la intención de utilizar los mismos es una buena forma de familiarizarse con ellos.

En el principio, notarás que las canciones que escribas parecerán más un ejercicio que cualquier otra cosa, pero entre más practiques, estos conceptos se convertirán en parte de tu vocabulario musical. Eventualmente, llegará un momento en el cual empezarás a tener ideas composicionales que incorporarán lo aprendido en este libro de forma natural.

Si se siente como que ese día está muy distante en este momento, solo recuerda que existió un momento en el cual un tresillo de corchea parecía algo imposible de alcanzar. Practica el material, diviértete con él y, sobre todo, asegúrate de expandir tus límites lo más que puedas.

Recuerda lo siguiente:

La diferencia entre nuestra música y aquella de otros es impactada drásticamente por las posibilidades que escogemos; y las posibilidades que tenemos a nuestro alcance son infinitas.

Apéndice

Explicación Alterna Para los Ejercicios de División de Poliritmos / Poliritmos Dentro de Poliritmos

Instrucciones Para la Sección de Explicaciones Alternas

La sección que sigue esta introducción tiene el propósito de presentar una forma diferente de entender poliritmos dentro de poliritmos. Al estudiar esta sección, podrás ver la duración exacta de cada una de las notas escritas en los Ejercicios de División de Poliritmos/Poliritmos Dentro de Poliritmos.

Sin embargo, esta sección solo fue construida para darte un sentido de perspectiva en cuanto a la duración de las notas se refiere. Deberías de tener como meta final desarrollar la habilidad de ver los ataques de cada poliritmo. (Durante una considerable parte de esta sección serán tres ataques primordiales.)

Después de que logres esto, será mucho más fácil dividir estos en semicorcheas que estar pensando en novecillos, etc.

Es importante entender que los compases de esta sección fueron enumerados según los Ejercicios de División de Poliritmos/Poliritmos Dentro De Poliritmos. El propósito de la sección es que puedas aclarar dudas acerca de la duración de ataques.

A lo largo de la sección verás la siguiente caja:

▭ = Ambas figuras dentro de la caja tienen la misma duración.

Nota: Todos los ejercicios teniendo que ver con cinquillos dentro de tresillos de negra o de blanca no están escritos en esta sección. Esto es debido a que la notación alterna causaría confusión en vez de ayudar a clarificar dudas.

Explicación Alterna para los Ejercicios de Poliritmos Dentro de Poliritmos

¡Lea las Instrucciones Primero!

CONCEPTOS RÍTMICOS AVANZADOS PARA GUITARRA | 95

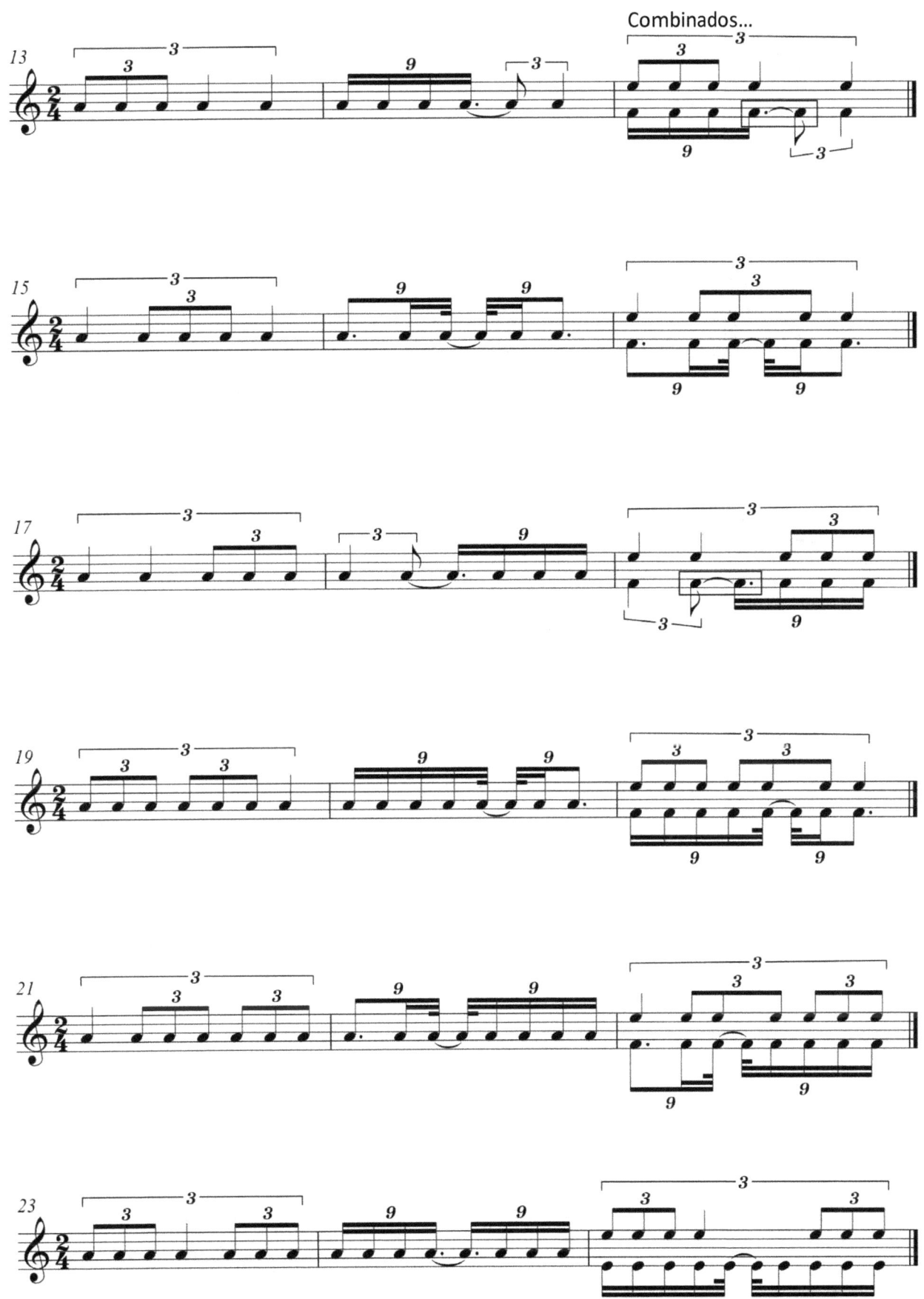

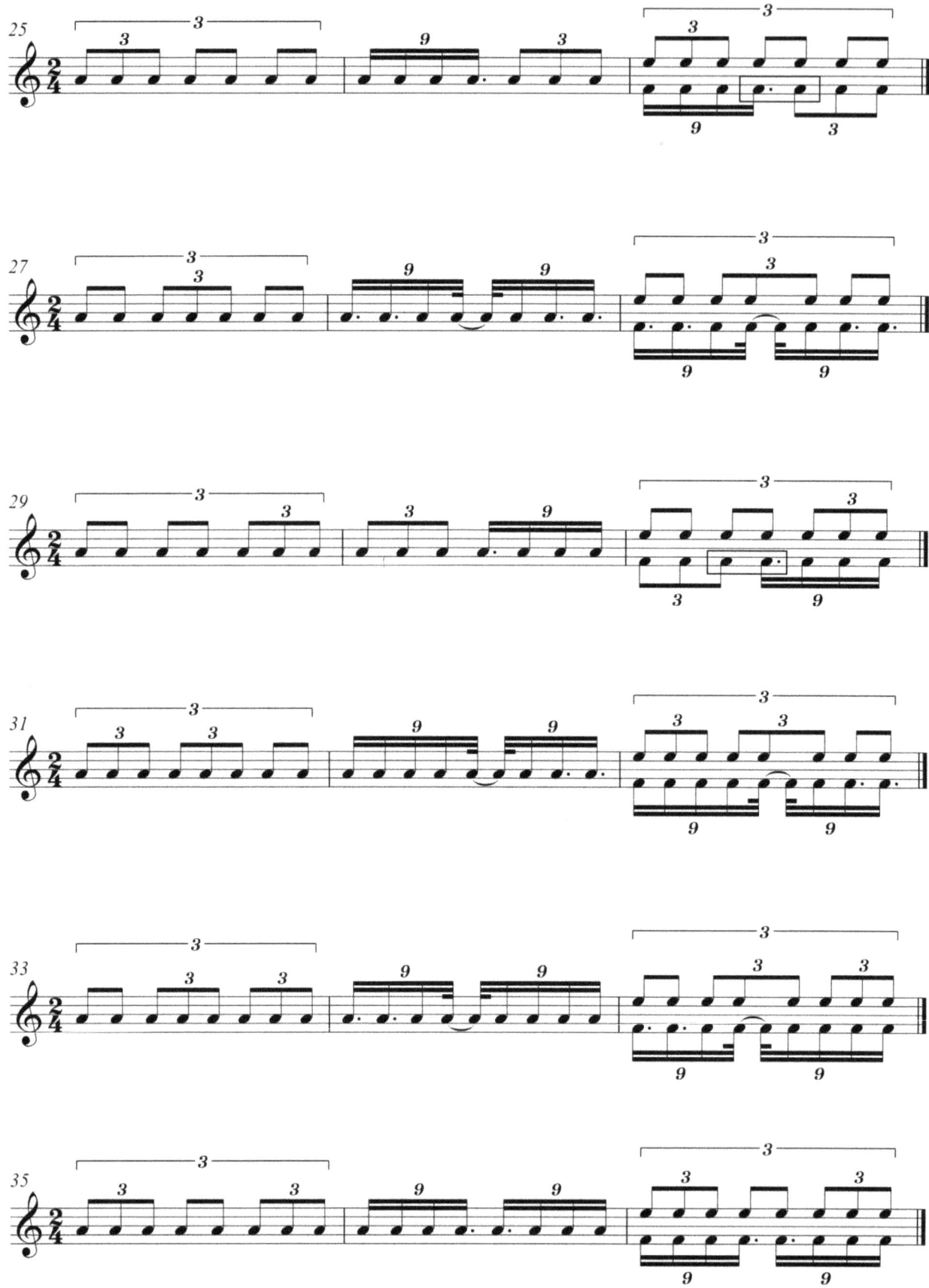

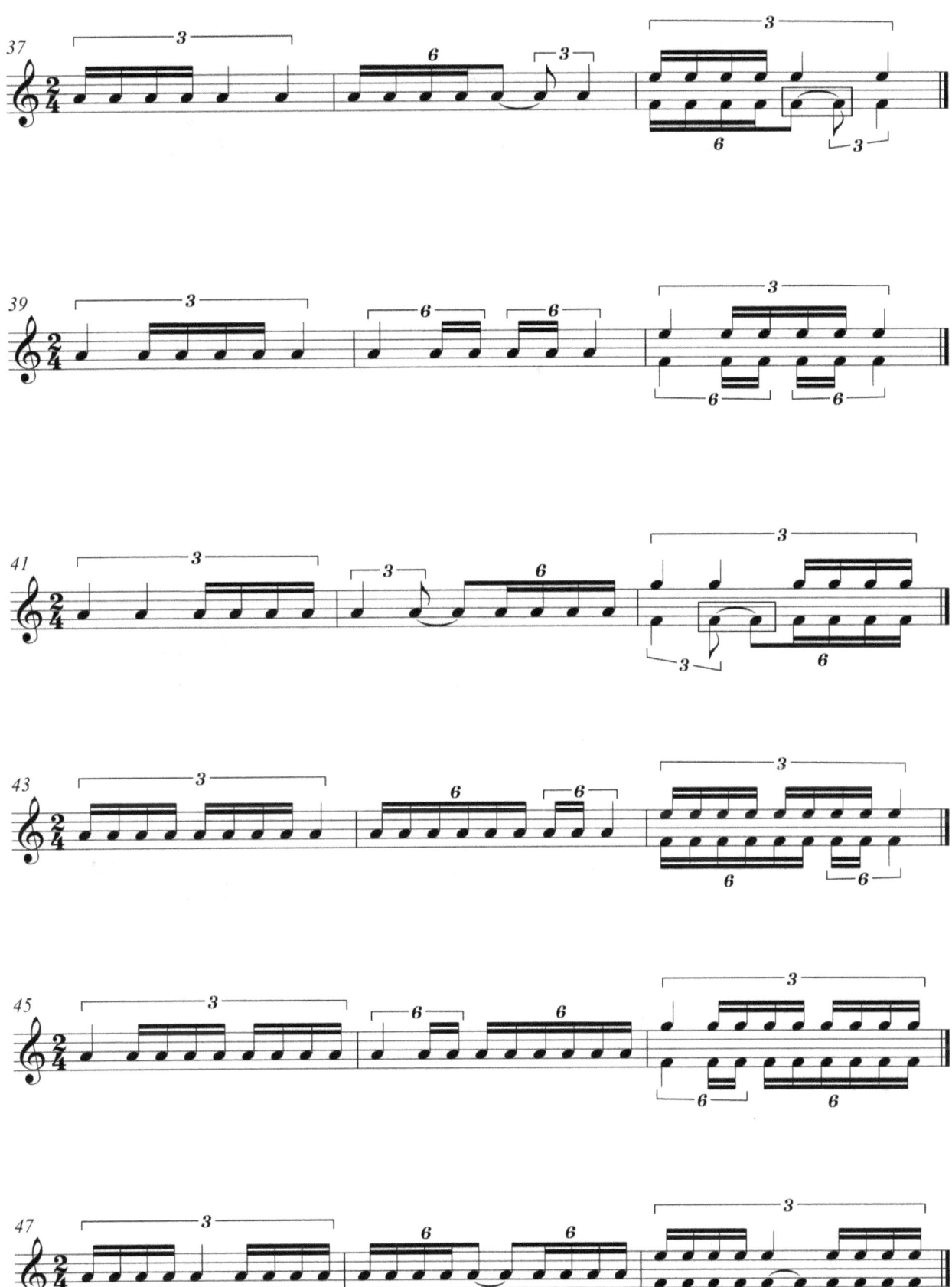

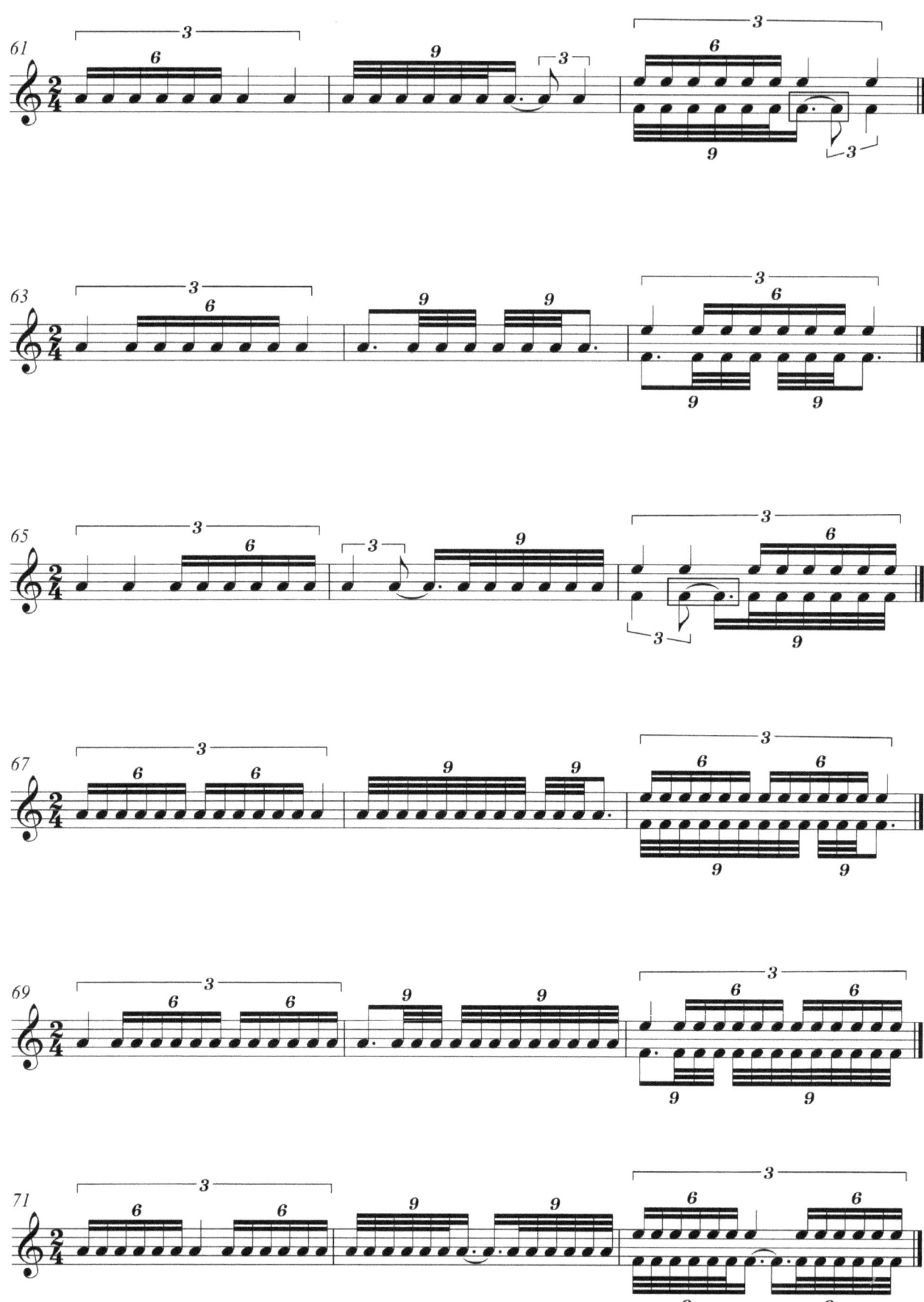

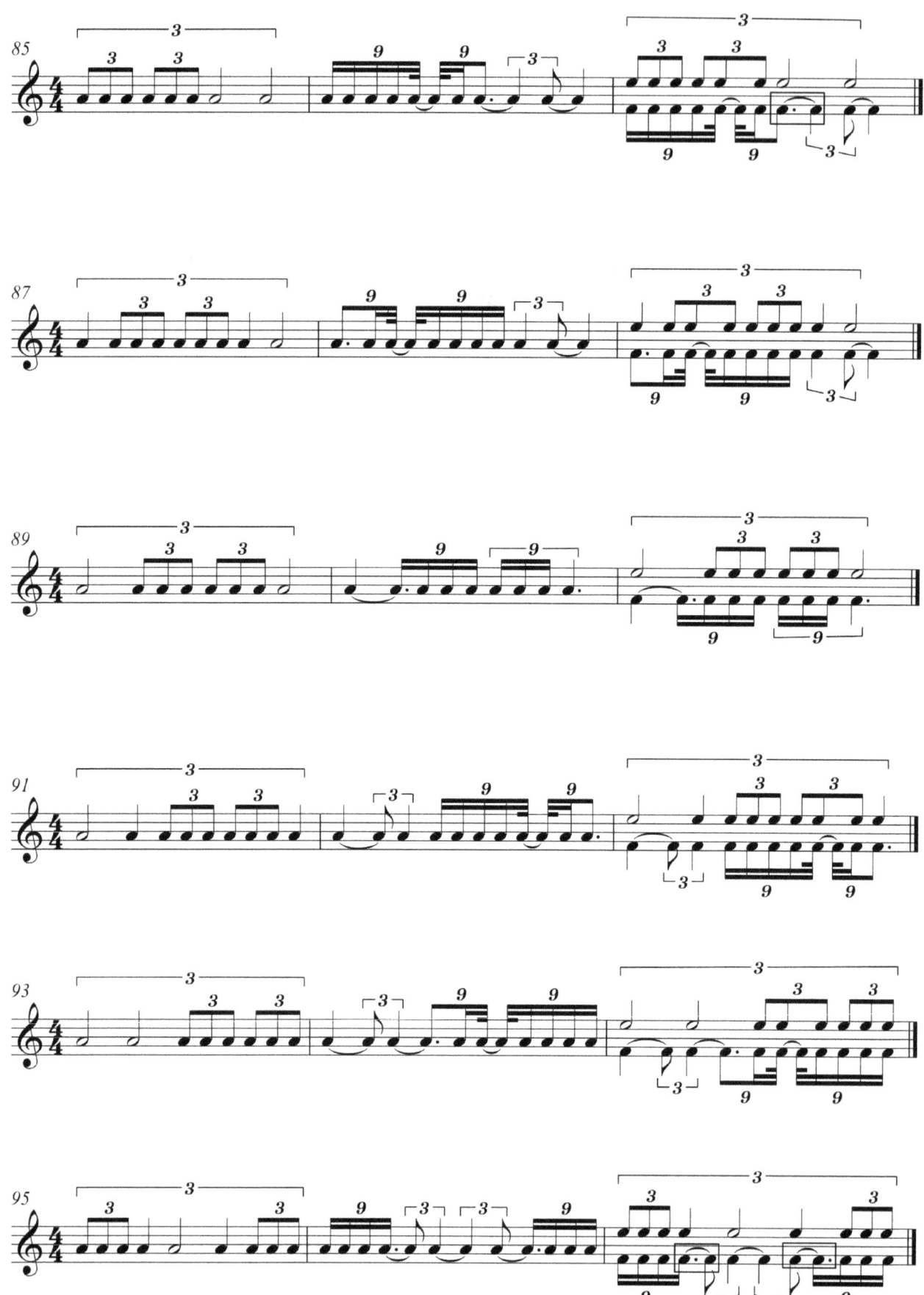

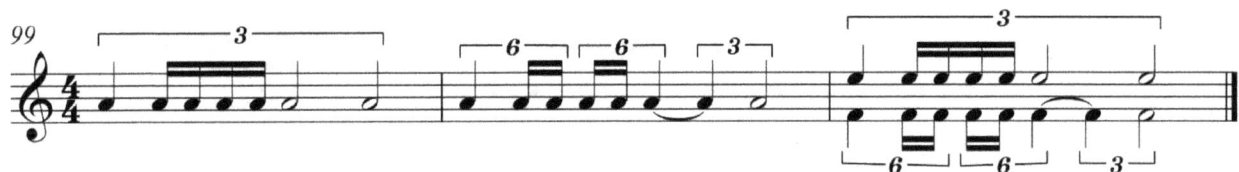

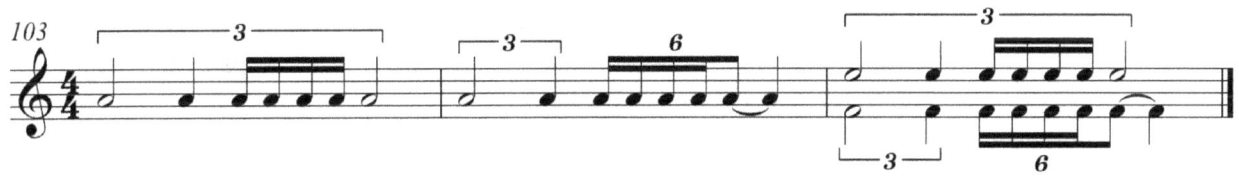

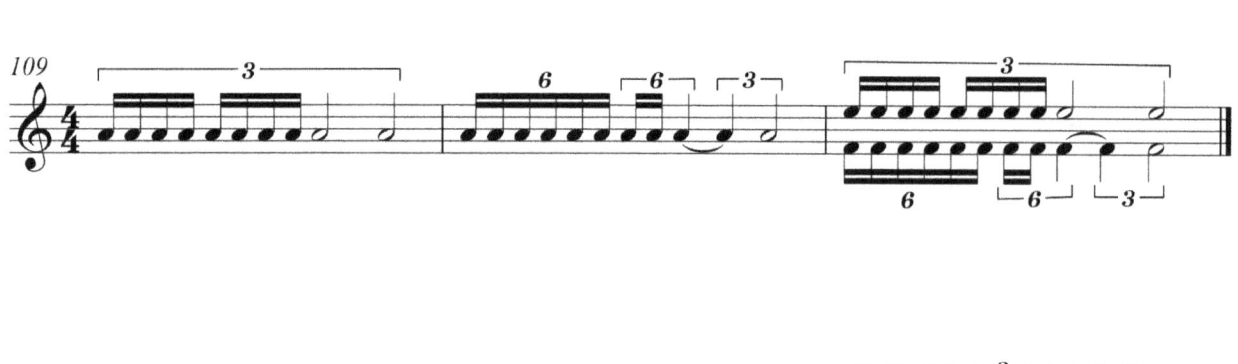
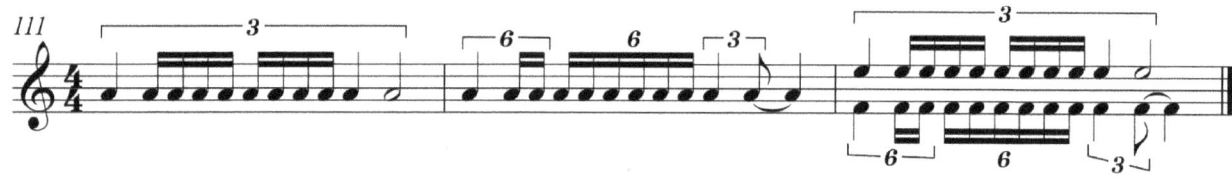
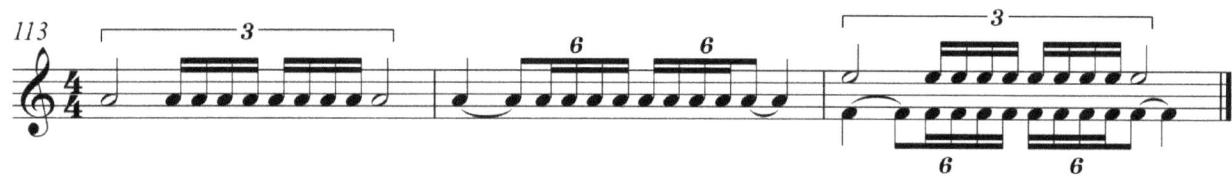
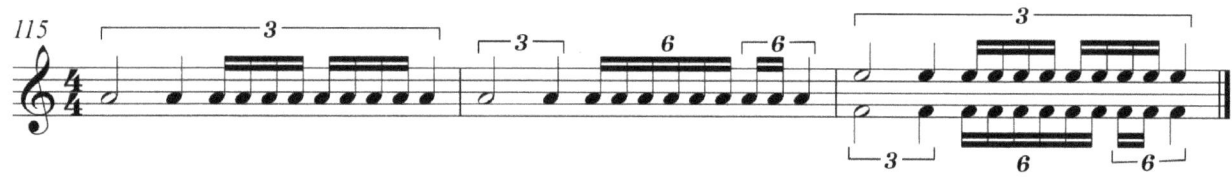

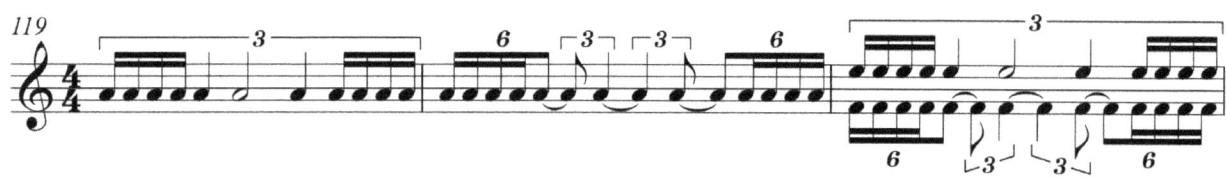

CONCEPTOS RÍTMICOS AVANZADOS PARA GUITARRA | 103

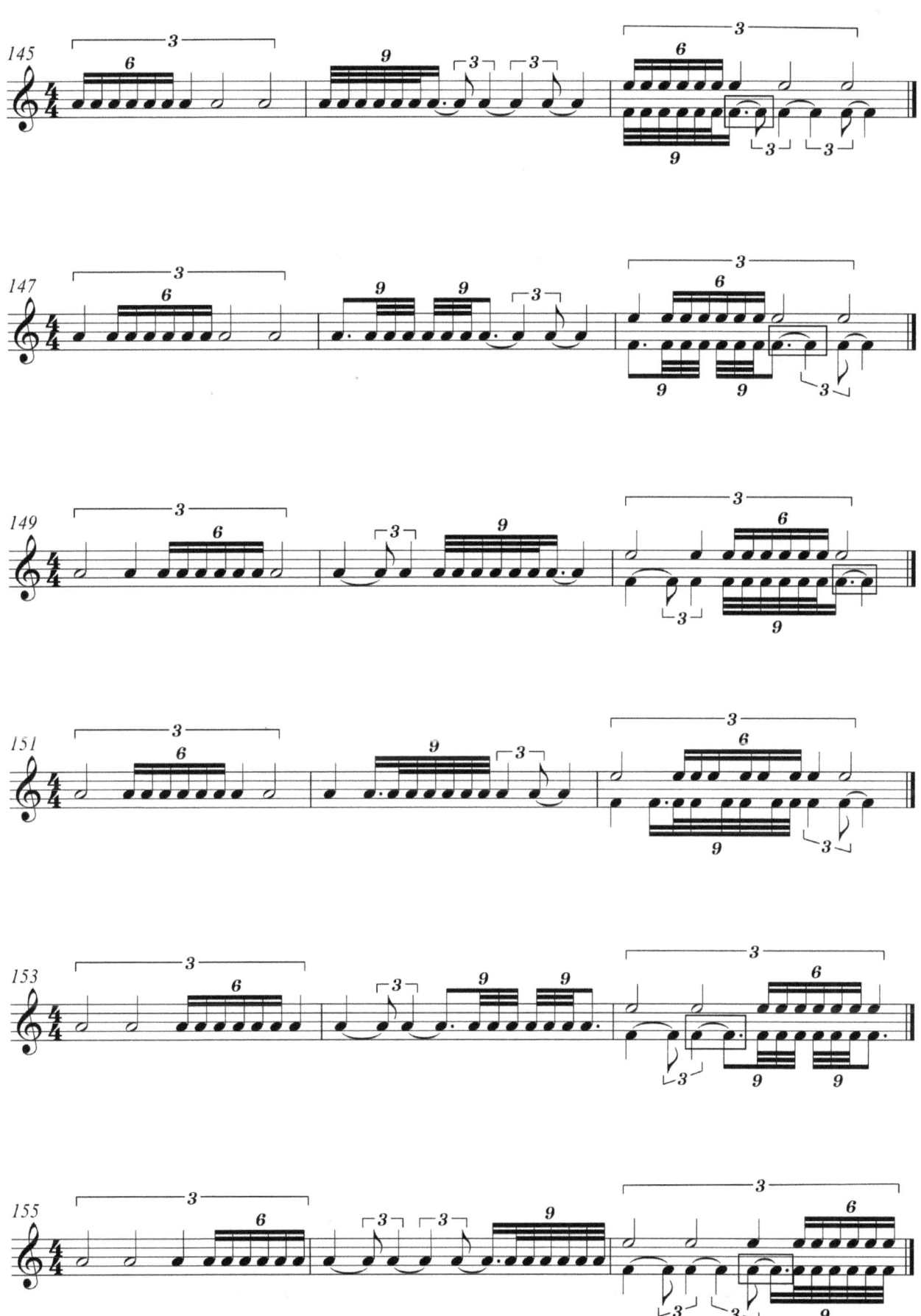

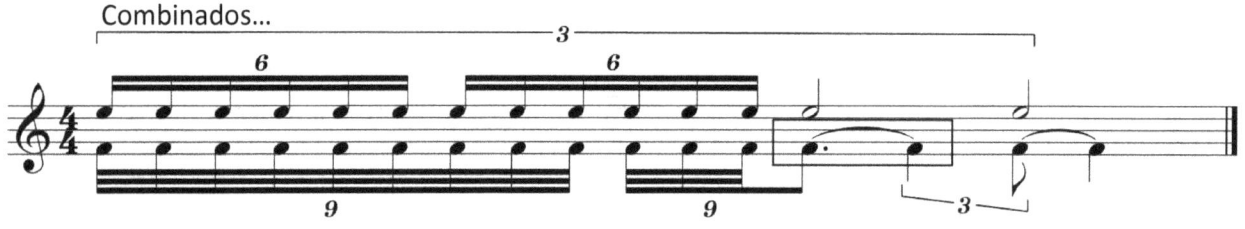

CONCEPTOS RÍTMICOS AVANZADOS PARA GUITARRA | 105

Combinados...

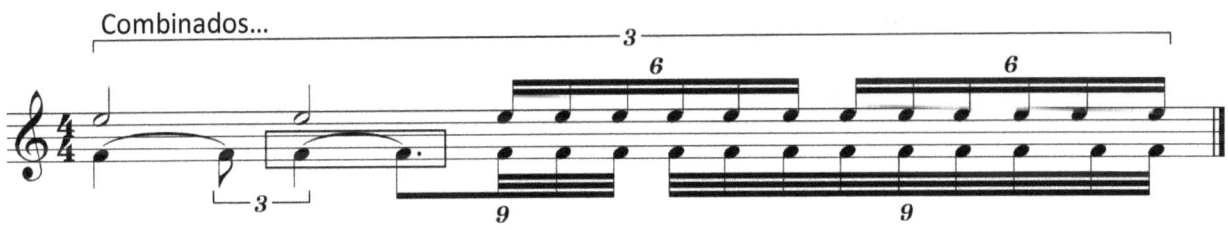
Combinados...

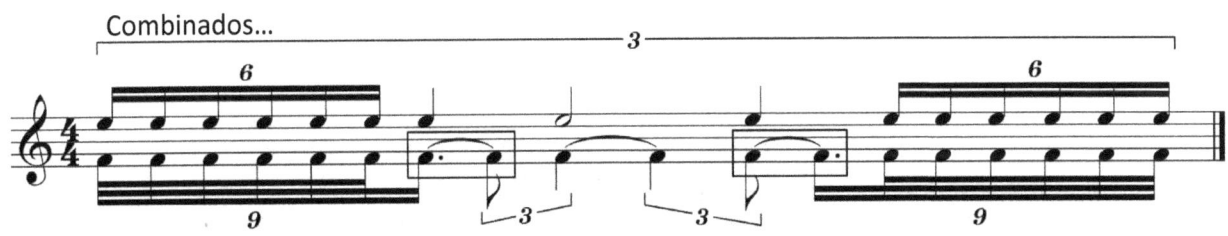
Combinados...

Instrucciones Para la Sección de Visualización de Ataques

La próxima sección solo fue escrita con el propósito de demostrar donde esta cada ataque. Nada contenido dentro de ella representa la duración complete de cada nota.

Las notas fantasmas en esta sección solo representan aquellas micro pulsaciones donde no se está llevando a cabo un sonido/ataque.

En fin: Cada nota regular es un ataque, cada nota fantasma no es un ataque…

Así como en la sección de explicaciones alternas los compases de esta sección fueron enumerados según los Ejercicios de División de Poliritmos/Poliritmos Dentro De Poliritmos.

Nota: Todos los ejercicios teniendo que ver con cinquillos dentro de tresillos de negra o de blanca no están escritos en esta sección. Esto es debido a que la notación alterna necesitada para representarlos causaría confusión en vez de ayudar a clarificar dudas.

Visualización de Ataques

¡Lea las Instrucciones Primero!

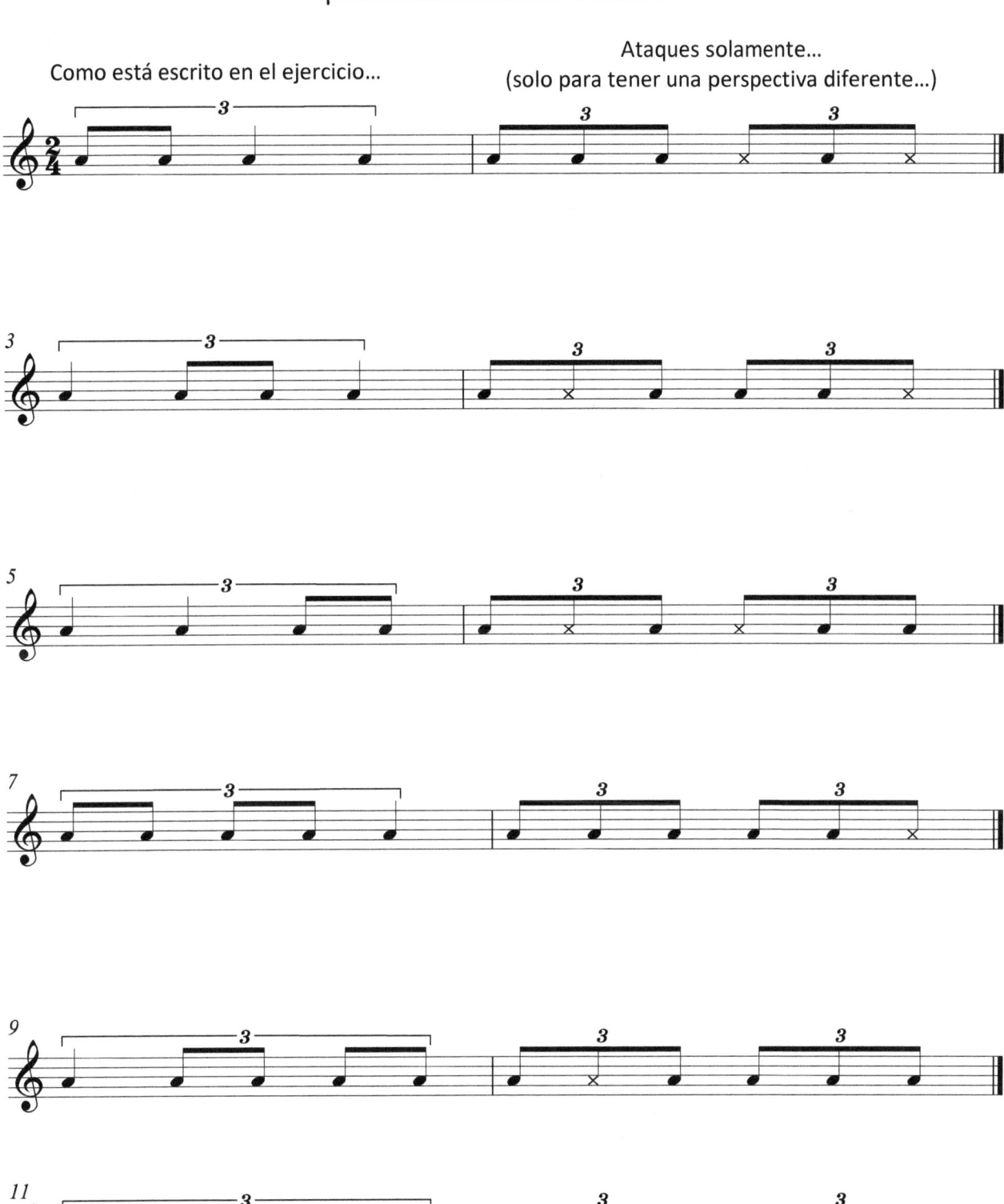

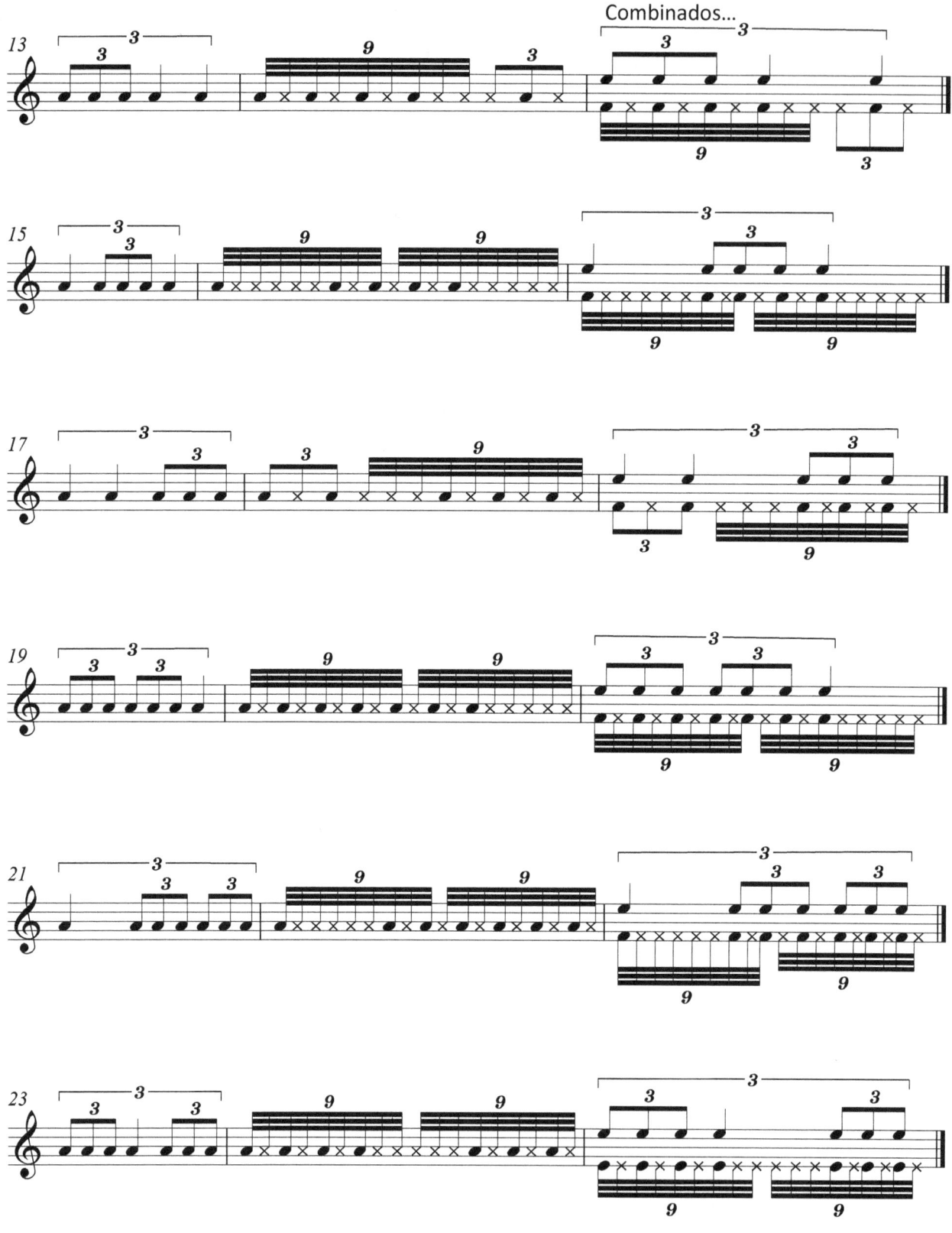

CONCEPTOS RÍTMICOS AVANZADOS PARA GUITARRA | 109

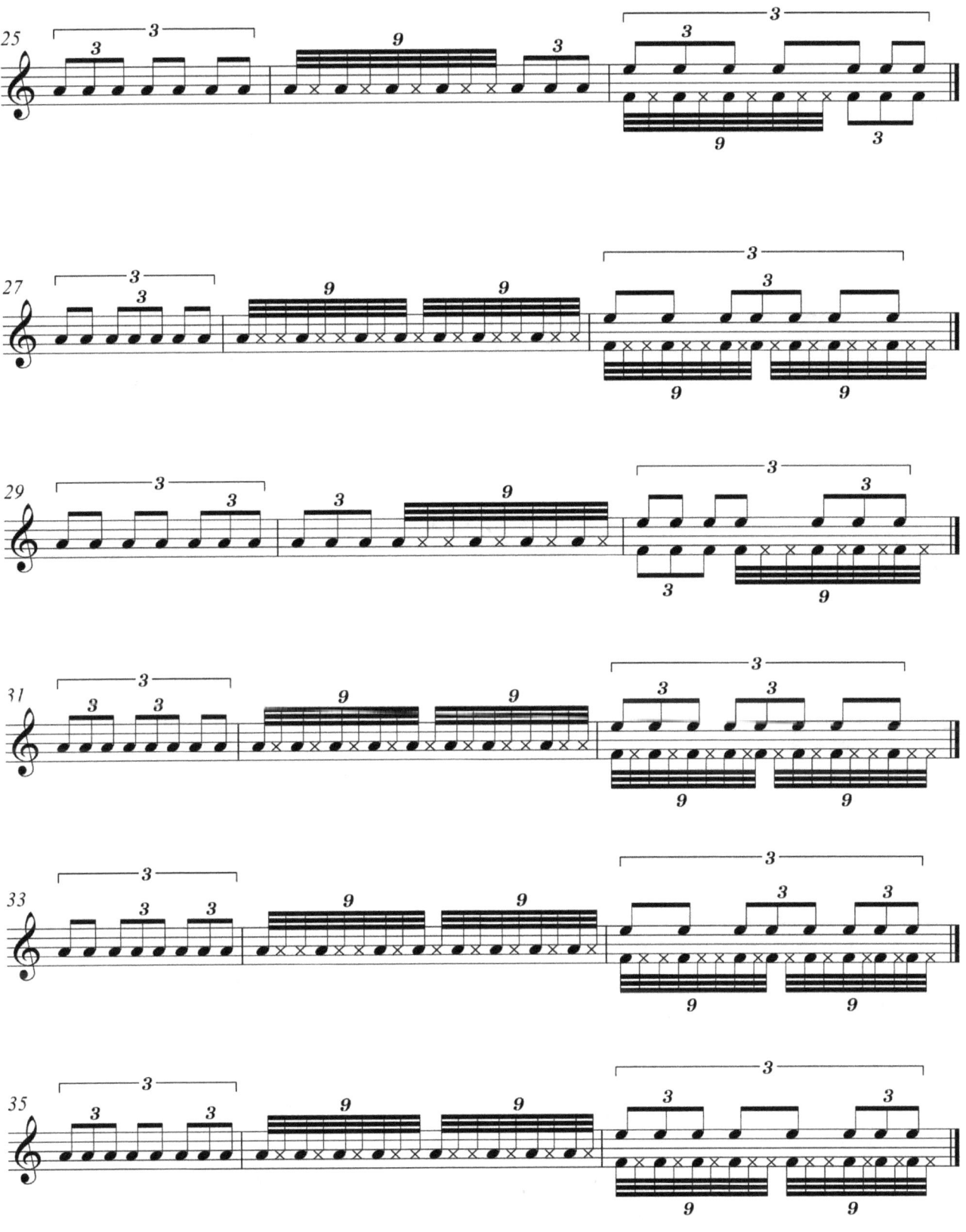

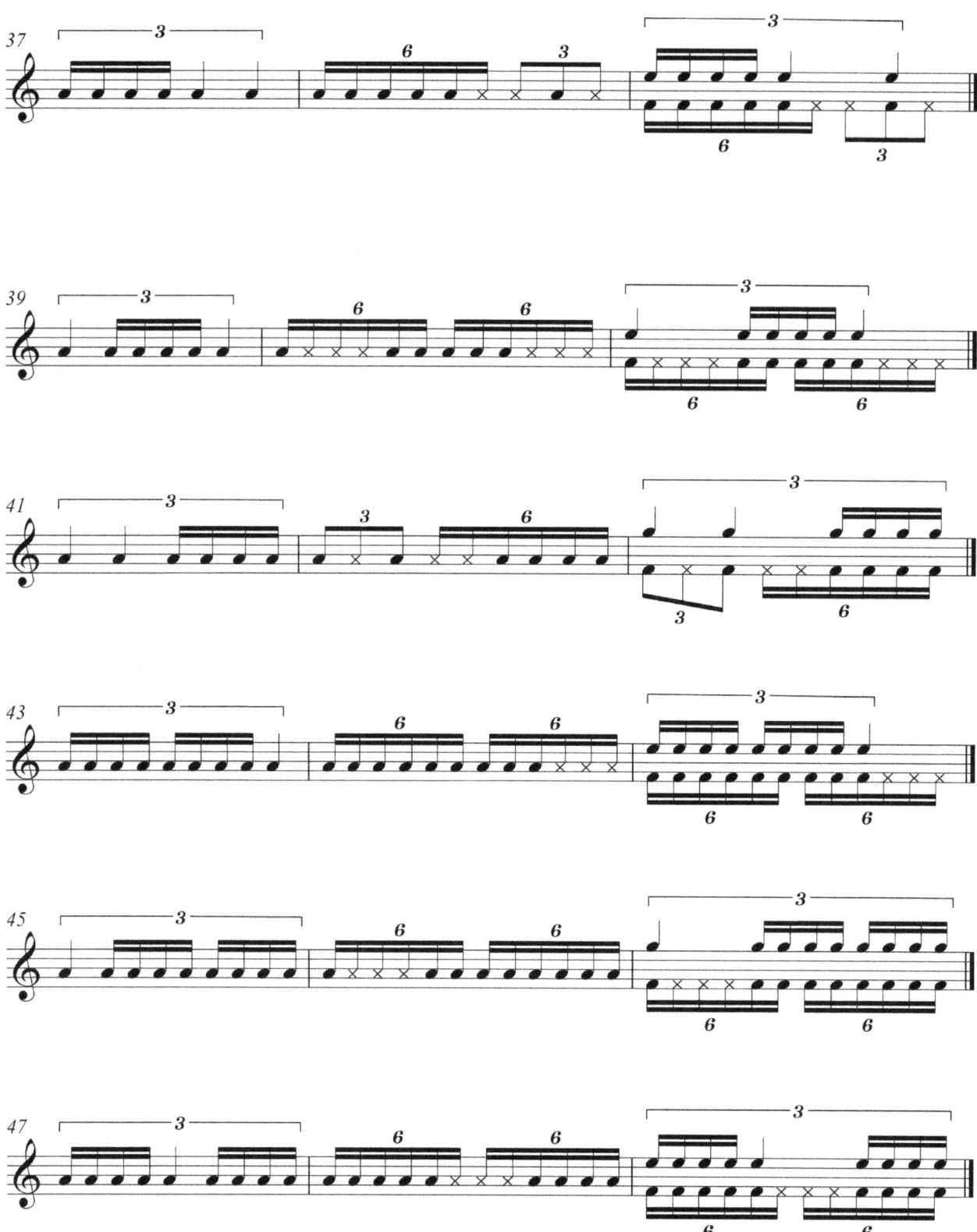

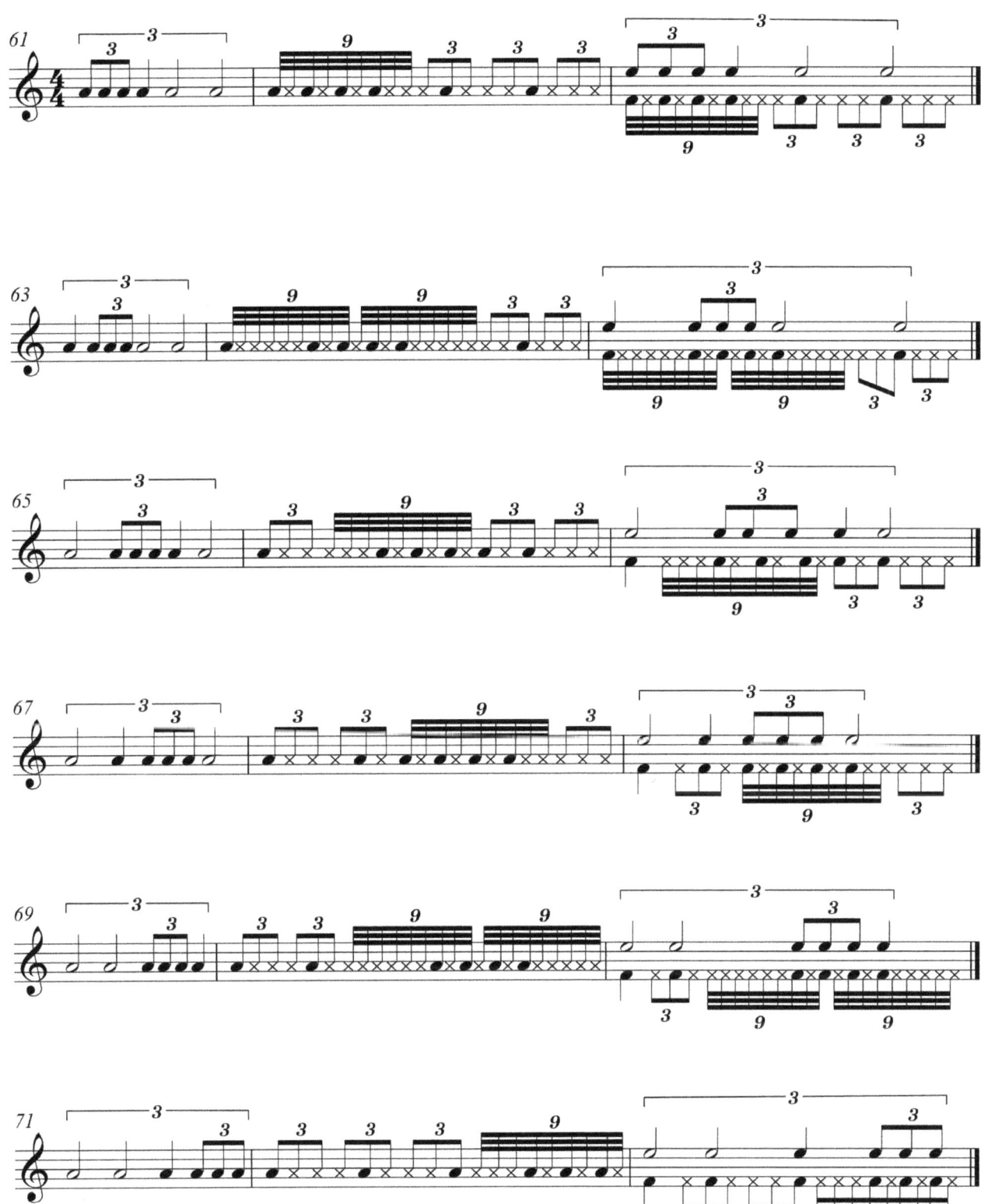

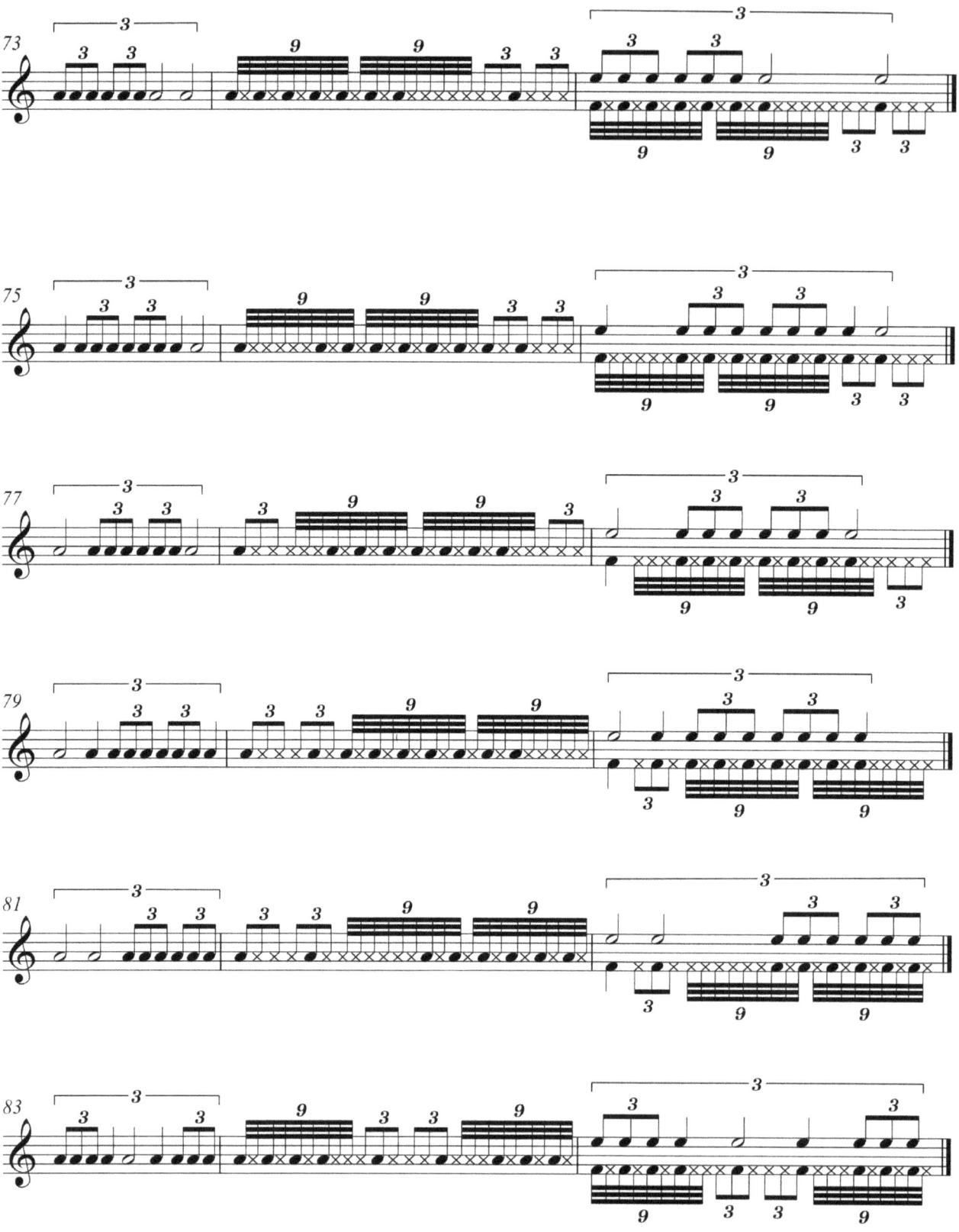

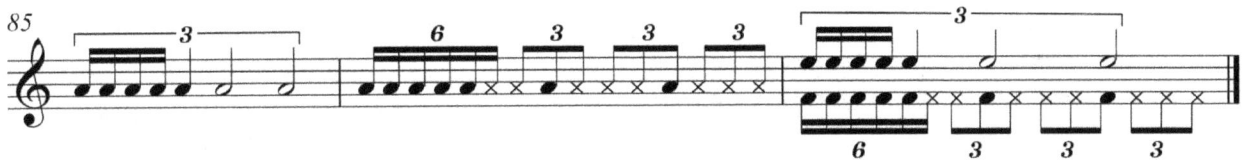
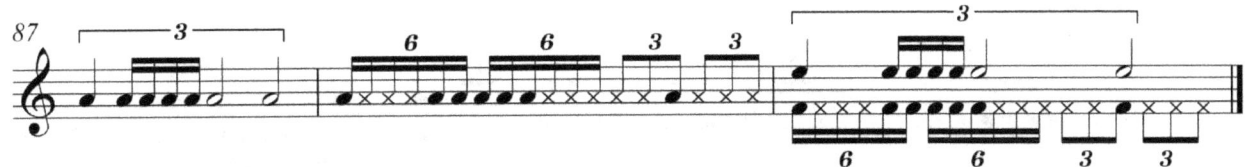

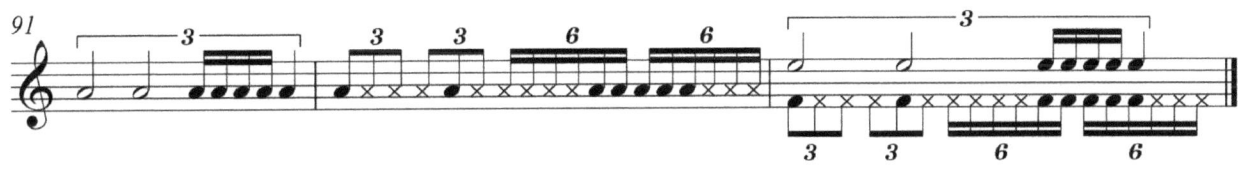
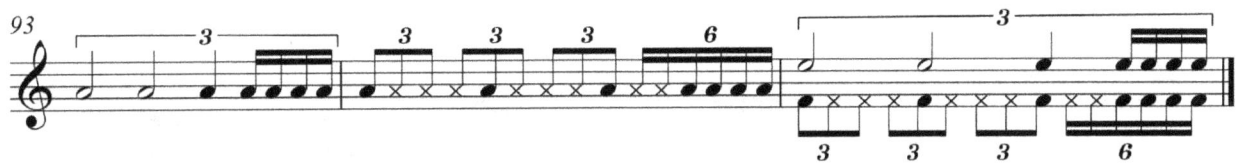

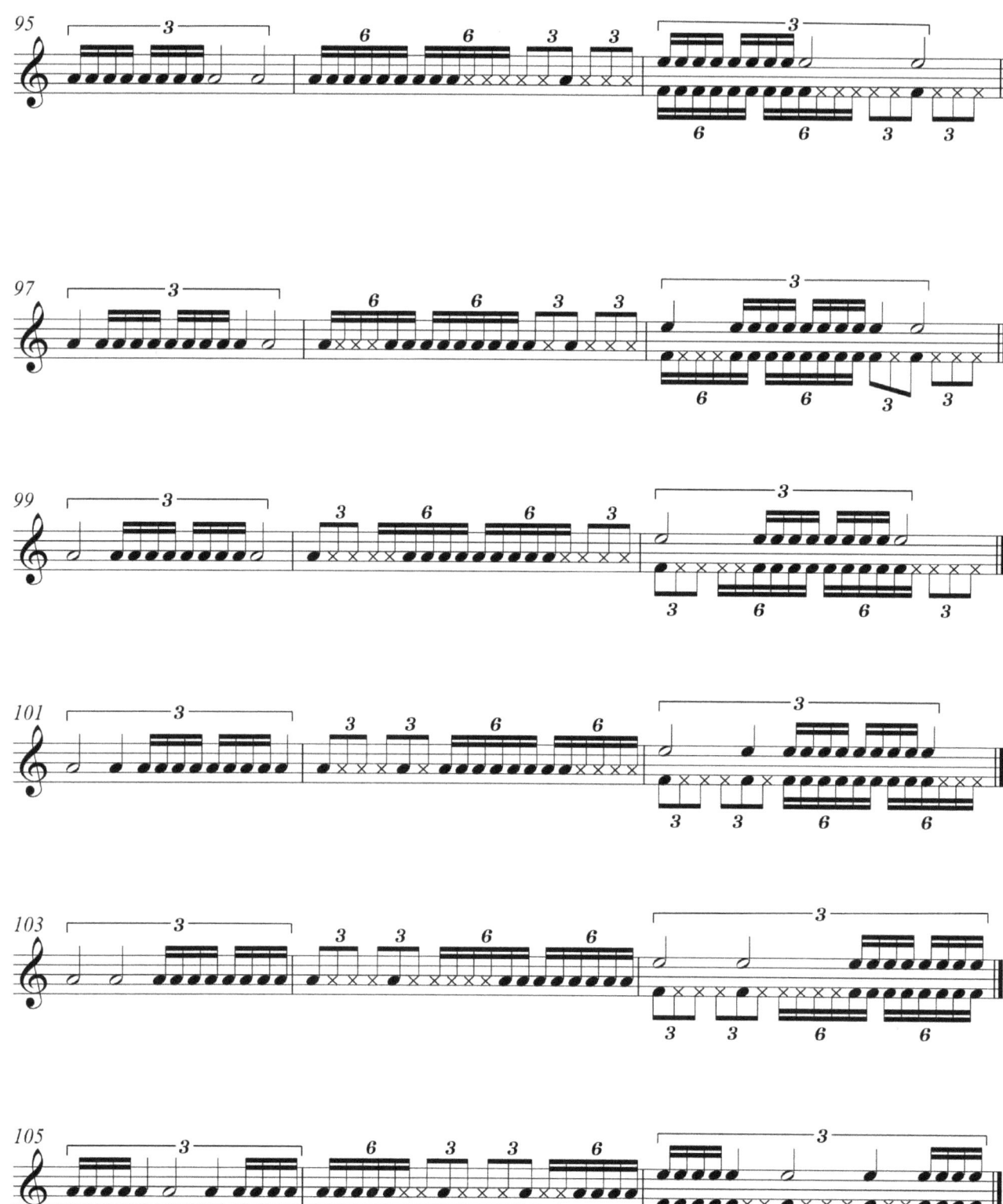

Referencias

Abdy Williams C.F. (1909) The Rhythm of Modern Music
    London: Macmillan and Co. Limited.

Adler J. (2011) Wheels Within Wheels: A Study of Rhythm
    Phoenix, Arizona: Jacob Adler.

Chaffee G. (2000) Rhythm & Meter Patterns.
    Van Nuys, California: Alfred Publishing Corporation.

Cowell H. (1930) New Musical Resources.
    Cambridge, New York, Australia: Cambridge University Press.

Ganesh Vinayakram S., & McLaughlin J. (2007) Gateway to Rhythm [DVD]. Abstract Logix.

Harrison G. (1996) Rhythmic Illusions
    Van Nuys, California: Alfred Publishing Corporation.

James Daoust, T. (2008) Polymeter in Twentieth-Century Music: A Study in Notational Methods. Master's thesis, University of North Carolina at Greensboro.

John L. (2004) Long-Range Polyrhythms in Elliot Carter's Recent Music. Doctoral dissertation, City University of New York.

Read, G. (1978) Modern Rhythmic Notation.
    Bloomington and London: Indiana University Press.

Magadini P. (1968) Musician's Guide to Polyrhythms Volume 1
    Hollywood, California: Try Publishing Company.

Magadini P. (1970) Musician's Guide to Polyrhythms Volume 2
    Hollywood, California: Try Publishing Company.

Magadini P. (1983) Poly-Cymbal Time
    Miami, Florida: CPP/Belwin Incorporated.

Magadini P. (1992) Poliritmos – The Musician's Guide
    Milwaukee, Wisconsin: Hal Leonard Corporation.

Roscetti E. (2000) Drummer's Guide to Odd Meter
    Milwaukee, Wisconsin: Hal Leonard Corporation.

Sachs C. (1953) Rhythm and Tempo: A Study in Music History
    New York: Columbia University Press.

Vai S., & Zappa F. (1983) The Frank Zappa Guitar Book.
    Milwaukee, Wisconsin: Hal Leonard Corporation.

Willmott B. (2002) Time for the Future: Poliritmos in
    Harmony. Pacific Missouri: Mel Bay Publications,
    Incorporated.

Jan Rivera completó un B.M. al igual que un A.A. en Ejecución de Guitarra Eléctrica de Musicians Institute, Hollywood CA; donde estudió como recipiente de múltiples becas de ejecución y trabajó como un Docente Auxiliar.

Natural de Puerto Rico, empezó su educación formal obteniendo un B.M. en Educación Musical y un B.A. en Música (Guitarra Clásica) de la Universidad Interamericana de Puerto Rico, Recinto de San Germán.

Mientras en Puerto Rico, también presentó en el Congreso de Investigación en la Educación y trabajó como tutor de Teoría Musical y Rudimentos Musicales en la Universidad Interamericana de Puerto Rico, Recinto de San Germán.

A partir de febrero del 2016, la página de web de este libro y la calculadora de modulaciones métricas encontrada en ella, han sido citadas como recursos para la clase "Drums and Percussion Composition"; tomada por estudiantes del tercer año del Bachiller en Musica Aplicada del Vancouver Community College en Canada.

Entre otras cosas, actualmente trabaja como Consultor de Educación Musical para Fender.

Jan ha sido seleccionado para la lista de "Mejores Maestros de Guitarra en San Diego" en los años 2016, 2017 y 2018 por Expertise.com.